侠道

THE WAY OF FLASH

道

DWYANE WADE

韦德传

张佳玮
著

金城出版社
GOLD WALL PRESS
中国·北京

图书在版编目(CIP)数据

侠道：韦德传 / 张佳玮著. — 北京：金城出版社有限公司, 2023.8
ISBN 978-7-5155-1896-1

Ⅰ.①侠… Ⅱ.①张… Ⅲ.①德怀恩·韦德-传记Ⅳ.①K837.125.47

中国版本图书馆CIP数据核字(2019)第181034号

侠道：韦德传
Xia Dao：Weide Zhuan

作　　者	张佳玮
责任编辑	王思硕
责任校对	岳　伟
责任印制	李仕杰
开　　本	710毫米×1000毫米　1/16
印　　张	17
字　　数	200千字
版　　次	2023年8月第1版
印　　次	2023年8月第1次印刷
印　　刷	小森印刷（北京）有限公司
书　　号	ISBN 978-7-5155-1896-1
定　　价	59.80元

出版发行	**金城出版社** 北京市朝阳区利泽东二路3号　邮编：100102
发 行 部	(010)84254364
编 辑 部	(010)64391966
总 编 室	(010)64228516
网　　址	http://www.jccb.com.cn
电子邮箱	jinchengchuban@163.com
法律顾问	北京市植德律师事务所　18911195819

目　录

第一章
初入NBA
001

第二章
潮起潮落
021

第三章
痛失冠军
085

第四章
王者归来
133

第五章
成功卫冕
189

第六章
昂首离开
233

尾声

第一章

初入 NBA

01

妈妈

1994 年，美国芝加哥。12 岁的德维恩·泰隆·韦德很是苦恼：他妈妈乔琳达，时年 35 岁，因为持有大量可卡因，进了监狱。

乔琳达给韦德带来的麻烦，不止这么点。1982 年 1 月 17 日韦德出生在芝加哥南部时，已是家里的老三。他家住在典型的黑人穷苦街区，周围最不缺的是毒品和帮派。很多年后韦德说，他少年印象里有两个景象：警察上门查案，街区垃圾桶里的无名死尸。1982 年春天，韦德 4 个月大时，他爸爸老德维恩就跟妈妈乔琳达分居了，之后离婚。小韦德跟了妈妈，被乔琳达带回娘家去了。

家境拮据，乔琳达穷则思变，开始贩毒，以贩养吸。她对一切可以上瘾的玩意儿来者不拒：抽烟、喝酒、海洛因、可卡因，五花八门。乔琳达会请她所谓的朋友们回家，当着孩子们的面吸毒过瘾。韦德后来承认，他记得家里的地上都是注射毒品用的针头。乔琳达完全不知道，这会给韦德带来多大的心理阴影。

韦德 6 岁那年，初次看见了持枪警察——警察上门来搜他妈妈了。又两年后，韦德的姐姐特拉吉尔对韦德说："我带你去看电影。"拉他一起走，走得很远，去到了爸爸老德维恩的家里。从此，他就跟爸爸过了。又一年后，他爸爸带着全家搬去了伊利诺伊州的罗宾斯。之后那两年，韦德没再见过她妈妈。他不知道乔琳达当时甚至自愿当试毒员——简单说吧，毒贩卖货之前都要试试药，她就自告奋勇了。结果某次试药，乔琳达吸毒过量，差点死在医院里。

第一章 初入 NBA

1994 年，乔琳达因为持有大量可卡因被捕入狱了，判了 23 个月监禁。韦德去探望妈妈时，只能隔着玻璃墙，通过电话跟她交流了。

从此，韦德开始认真打篮球了。也许是为了躲避母亲的阴影，也许是为了给自己找一点乐趣。也许是因为那时，芝加哥的英雄、篮球史上最传奇的人物迈克尔·乔丹，正如日中天。

小时候，韦德爱跳绳。但他爸爸老德维恩是个退伍军人。他跟爸爸一起住了，跟后妈带来的兄弟们——其中一个是德米特里·迈克丹尼尔——打篮球时，兄弟们都嚷嚷"跳绳是娘儿们的运动！"而打篮球时，韦德家的兄弟作风粗野，一派军队篮球打法。大家约定好不吹犯规。推搡、抱摔，为了胜利无所不为。你如果在外围跳投躲避碰撞，就会被兄弟们嘲笑是孬种。敢顶着犯规上篮？算你是条好汉！

韦德的性格，就是这么锤炼出来的。

另一个细节：韦德的姐姐特拉吉尔说，小时候，韦德很喜欢跟着姐姐走。"我走在路上，都得时不时回头看。"韦德后来自己承认，他爱姐姐，他想跟着姐姐，也因为"我没什么朋友"。他害怕孤单，害怕想起黑暗的一切——比如有关妈妈的那些记忆。

他也很早熟地，和他的高中女朋友西奥沃恩·芬奇斯结了婚——在他 20 岁的时候。

韦德进了哈罗德·理查兹高中。他担当橄榄球队的外接手，很是成功：敏捷地跑动摆脱、接到传球、迈腿奔袭，他很擅长这类戏份。但在篮球队，他有些艰难：他哥哥德米特里·迈克丹尼尔是学校篮球队的明星，韦德努力想达到哥哥的水平。

高一到高二的夏天，韦德长了 10 厘米，立刻成了校队主力，之后的高中联赛，他场均 20.7 分、7.6 个篮板。下一年，他场均 27 分、11 个篮板，带队打出了 24 胜 5 负，名声显赫，伊利诺伊全州都听闻他的名字。后来他承认：他的高中教练杰克·菲茨杰拉德很帮衬他，令他受益极大。对他而言，菲茨杰拉德教练大概算是学校里的父亲吧。

虽则如此，到韦德高中毕业时，只有三所大学乐意给他奖学金。他去了威斯康星的马奎特大学。2001年秋天，他能为马奎特出场了；与此同时，乔琳达，韦德那不太争气的妈妈，宣布要洗心革面，为一家芝加哥教堂工作了。2001年圣诞节，韦德回家过圣诞，与妈妈聚餐。那时韦德欢喜无限，以为自己终于迎回了妈妈，但是，"当得知她还是要走时，我很难过"。一周之后，乔琳达回到监狱，继续服她剩下的14个月刑期。

不知道是不是受了母亲的鼓舞，2002年到来时，韦德蜕变了。他为马奎特大学打了32场美国大学篮球联赛（NCAA），场均得到17.8分，还有6.6个篮板、3.4次助攻，外加震惊大学篮球界的2.5次抢断和1个封盖——那时他是个193厘米的得分后卫，却在攻防两端都打得侵略如火。全美国都开始注意到这个3号了。

值得一提的是，韦德是个虔诚的基督徒。他从大学开始穿上的3号球衣，在他心里意味着圣三位一体。随着母亲宣布要为教堂工作、开始幡然悔悟后，韦德越发相信，是上帝在指引着他的命运。

他也很早熟地，和他的高中女朋友西奥沃恩·芬奇斯结了婚——在他20岁的时候。

2002年，韦德做了左膝半月板移除手术。但这没妨碍他的表现：2002—2003赛季，大三的他为马奎特大学打了33场，场均21.5分、6.3个篮板、4.4次助攻，抢断与封盖继续震惊全国，命中率则高到50%——他可是个193厘米、不算高挑的后卫。他带领马奎特大学获得队史第一次区冠军，27胜6负。但真正让他震惊美国的，是他在2003年春天的表现。

那年，对阵全国头号种子肯塔基大学时，韦德轰出了29分、11个篮板、11次助攻的三双——那是美国大学联赛NCAA 64强锦标赛历史上，第四次出现三双。马奎特击败肯塔基，杀进全国四强。虽然最后败北，但已经够了：全美国都知道韦德有多厉害了。

  也就在 2003 年 3 月 5 日，乔琳达被释放出狱。她终于能到现场看韦德打球了，她看着韦德带队 70 比 61 击败了辛辛那提：那天韦德得到 26 分、10 个篮板、5 次助攻。后来韦德说，那是他最幸福的一天。

  母亲自由了，他名扬全国了。一切都是命运的安排，他如此相信着。于是 2003 年春天，韦德宣布：他要参加 2003 年 NBA 选秀了。

  他的新生活开始了。

02

跨入 NBA

2003 年夏天的 NBA 选秀大会，第一话题人物是超级天才勒布朗·詹姆斯。

1984 年 12 月 30 日，勒布朗出生在俄亥俄州阿克伦。他妈妈格洛里亚·詹姆斯时年 16 岁，独自带着这孩子长大。四年级，当时打橄榄球外接手的勒布朗遇到了弗兰奇·沃克，校橄榄球队教练。他听说勒布朗因为搬家太多，一度打算弃学，就亲自去找格洛里亚，表示愿意让勒布朗长居在自己家。他也教导勒布朗：

"你这辈子会有无数聚光灯下的出镜机会，但你得记住，带上你的队友们。"

勒布朗的第一个朋友，是沃克教练的孩子小弗兰奇·沃克。他们俩加上科顿、德鲁·乔伊斯、威利·麦基、罗密欧·特拉维斯，六个孩子组了个篮球队。1999 年，勒布朗还没满 15 岁，整个俄亥俄都已知道了他的名字。勒布朗带着德鲁·乔伊斯，加上科顿和麦基，搞了个四人组。他们一起加入了圣文森特·圣玛丽高中，之后学校篮球队"战斗的爱尔兰人"27 战全胜，拿到了州冠军。2001 年 1 月，他们以 78 比 79 输给了名校橡树山高中。但勒布朗在这场全国瞩目的大战中轰下了 33 分。到 2001 年州决赛当日，到场观众 17000 人，盛况不下一场 NBA 季后赛。勒布朗半决赛和决赛合计轰落 54 分，带队夺冠，还拿到州锦标赛 MVP。那年勒布朗被票选为俄亥俄篮球先生：他只有 16 岁半，一个高二生。2001 年夏天，当 203 厘米的勒布朗在训练营打败了前一年高中巨星兰尼·库克后，已被媒体赞誉为"乔丹+约翰逊"：他既能像"飞人"乔丹那样飞翔突破，又能如"魔术师"约翰逊那样组织传球。篮球史上最卓越的两个后卫，资质集于一体。

2002年2月，勒布朗带领"战斗的爱尔兰人"对上名校橡树山，他对面是个和他一样高203厘米、比他大半岁的小前锋——"甜瓜"卡梅隆·安东尼。虽然败北，但勒布朗得了36分，"甜瓜"则得了34分。两大天才的单挑轰动全国。2003年春天，勒布朗高中毕业，大学一年级的"甜瓜"则带着雪城大学拿到了2003年NCAA冠军。203厘米的他被球探认为有一身完美的得分技巧，只是"稍微热衷于跳投了"。

在2003年NBA选秀大会前，前四的人选基本没有争议：勒布朗·詹姆斯与"甜瓜"安东尼不在话下，此外还有216厘米的巴尔干天才巨人达科·米利西奇，以及佐治亚理工大学的一年级前锋、208厘米的左撇子克里斯·波什。

在当时的美国媒体看来，韦德并不属于这个才华横溢、确定无疑的四人组。他与威克森林大学的前锋约什·霍华德、堪萨斯全能内线尼克·科里森、夏维尔大学的长人大卫·韦斯特、德州天才T.J.福特们列在一起，属于2003年选秀大会的第二梯队。

当时的舆论认为，韦德应该是第13位被选中进入NBA。当时公开对韦德表达热爱的内行人士中，有NBA的传奇人物、运球姿势被摆上NBA标志的名宿杰里·韦斯特。七年前的1996年，他曾用第13位选秀权为洛杉矶湖人队获得了天才后卫科比·布莱恩特，为湖人铸就了王朝；韦斯特声名太大、眼光太准，故此全NBA又端详起韦德了：他是挺好，但终究只是个……193厘米、打得分后卫嫌矮、远射不太好、自称可以打组织后卫但令人怀疑的21岁少年。

既然身遭质疑，韦德只好到处为NBA球队试训：他前后为各支球队试训了12次。其中一次试训，著名训练师、为乔丹指导过训练计划的蒂姆·格拉弗见了韦德。他初见韦德时，看他其貌不扬、神色害羞，不由心想："这和那个纵横大学锦标赛的韦德是一个人吗？"但试训一开，韦德随

DWYANE WADE：THE WAY OF FLASH　　　　　　　　　　　　　　　　　　侠道　韦德传

2003 年夏天的 NBA 选秀大会，第一话
题人物是超级天才勒布朗·詹姆斯

第一章 初入 NBA

2003年NBA第五号新秀韦德,出席了迈阿密热火队的新闻发布会(从左至右为兰迪·芬德、德维恩·韦德、帕特·莱利)

即大杀四方。格拉弗明白了。"我知道为何那么多人夸韦德了,他有一个很罕见的'开关',能够瞬间变成另一个球员。"

在试训中,韦德结结实实地让许多 NBA 球员吃苦：壮实的得分手科里·马盖蒂,神射手昆汀·理查德森,都不是韦德这个大学生的对手。

那时迈阿密热火队的兰迪·芬德经理正寻思,想为热火找一个中锋。这天他与迈阿密热火的大当家帕特·莱利一起去到芝加哥,试训当时号称"最后一个美国白人中锋希望"的克里斯·卡曼。他们等卡曼时,球场另一端,韦德正在为格拉弗试训。莱利回过身来,问普方德：

"球场那边的小孩儿是谁？"

"韦德。"

莱利"哇"了一声。

莱利先前已经知道了韦德。2003 年 3 月某个雨夜,他在跑步机上跑步,无聊地看比赛,随即眼睛被吸引了：那正是马奎特大学迎战肯塔基,那正是韦德取下三双之战。莱利后来说,韦德如此独特,如此无畏,"简直像乔丹一样！"

作为迈克尔·乔丹的终生对手之一,能让莱利说出"像乔丹",是最高级的赞美了。

莱利让韦德去迈阿密做了次试训。韦德过于紧张,表现不佳。之后与莱利握手时他手心出汗。莱利对韦德说了句莫测高深的话："我们已决定选谁了。"韦德悬心不已,不知道莱利说的是不是自己。因为大家都传说,莱利想要给热火队找个组织后卫,或者找个中锋——作为培养出过 NBA 史上第一组织后卫"魔术师"约翰逊、带过 NBA 史上伟大中锋"天勾"卡里姆·贾巴尔、帕特里克·尤因与阿朗佐·莫宁的莱利,从来对这两个位置情有独钟。何况,莱利一直想要克里斯·卡曼。他会要韦德这个得分后卫吗？

2003 年 6 月底,选秀大会如期举行。克里夫兰骑士以状元签选走了勒布朗·詹姆斯，底特律活塞拿走了达科·米利西奇，丹佛掘金摘下"甜瓜"安东尼，多伦多猛龙得到了克里斯·波什。韦德希望自己可以在第七位被选中，去芝加哥公牛，回到故乡。他不知道奥兰多魔术的道格·里弗斯教练曾想跟迈阿密热火交换选秀权来得到他。

直到韦德的经纪人亨利·托马斯（同时也是克里斯·波什的经纪人）过来，告诉他：

"不要有太大表情，热火要用第五位选秀权选你了。"

韦德当时不知道，莱利之前去找过蒂姆·格拉弗确认自己的潜力；韦德当时也不知道，自己汗湿的手让莱利想起了 21 年前，1982 年状元詹姆斯·沃西也有类似经历——之后莱利选了沃西，而沃西为莱利的洛杉矶湖人拿下了三个总冠军。他不知道莱利反复看自己的录像带，发现"韦德可以突破，可以传球，有时肩膀比膝盖还低，他突破篮下的能力高过我所见过的任何球员。"

于是就这样了：德维恩·韦德，2003 年 NBA 第五号新秀，去到了迈阿密热火。

03

帕特·莱利与迈阿密热火

2006年的电影《光荣之路》，记述了一个远在1965年的故事：高中女篮教练唐·哈金斯带领德克萨斯西部大学（UTEP），用七个黑人球员为核心，带领球队直杀到NCAA决赛，面对种族主义者的暴力威胁、舆论的轻视，击败伟大的肯塔基大学，以及传奇教练阿多尔夫·鲁普，赢下了传奇的1965年全美大学冠军。

电影里说，当时"肯塔基大学有两位全国知名的选手，一位是193厘米的帕特·莱利……"

七年之后，帕特·莱利已在NBA。1971—1972赛季，他所在的洛杉矶湖人打出当时NBA历史纪录的常规赛69胜13负的战绩，并最终夺冠。莱利身披12号球衣，担当替补后卫。1976年莱利退役于凤凰城太阳，目送着球队在1976年总决赛被凯尔特人击败。

这就是莱利的球员生涯：他领略过冠军的滋味，但没有扮演过主角。他在球员时期就明白严酷态度的必要性，知道唯有偏执狂才能在竞争中生存的道理。于是，当他成为NBA教练时，便成了一个好走极端的男子。

莱利拥有NBA史上屈指可数的华丽发型，平时西装笔挺，风度翩翩。但骨子里，莱利性格酷烈。很多年后，大家都说他放任天才，给他们自由，"我们的队员都很有天分，所以我让他们施展出来了。"但他也好出风头，好走极端，喜欢主导一切。

1981—1982赛季，37岁的莱利中途接任洛杉矶湖人主教练，当年便带队夺冠。此后，他又带湖人拿下1985、1987和1988三个总冠军，创

第一章 初入NBA

洛杉矶湖人队夺得1988年NBA总冠军，教练帕特·莱利在更衣室庆祝活动中拥抱了"魔术师"约翰逊

造了辉煌的湖人王朝。莱利承认,虽然表面彪悍霸道,但他一直很神经质。他太太克丽丝攻读心理学学位时,一度想拿他当案例做分析。莱利承认:"我的动力是恐惧。我一直害怕自己会被篮球世界抛弃。"但他也大胆之极:1987年夺冠后,面对庆祝的洛杉矶人民,他居然敢说:

"我保证,我们明年会夺冠的!"

而他也居然做到了。

1990年莱利离开了湖人。谣传他离职时,有湖人队员私下庆祝,"终于从这厮的精神虐待中逃出来了。"莱利去了纽约尼克斯队,一改他在洛杉矶的华丽进攻风格,打造了NBA史上最刚硬黑暗的球队,与迈克尔·乔丹的芝加哥公牛连年大战,1994年他带尼克斯进了总决赛,七战惜败休斯顿火箭。1995年,莱利不顾自己还和纽约有一年合同,径直去了迈阿密热火当老大。纽约尼克斯闹上门时,迈阿密解决这事的方式匪夷所思:他们给纽约一个选秀权,一张百万美元的支票。这意思:迈阿密付出选秀权和现金,撬走了纽约的主教练。

帕特·莱利在三个城市当过主教练。洛杉矶、纽约和迈阿密,全都是声色犬马、灯红酒绿的大城市。他不肯去边陲苦寒之地。莱利是个典型的大城市风流倜傥人物。他上过《GQ》杂志封面,他喜欢当代媒体。他之所以离开纽约去到迈阿密,部分是因为:在纽约,他是球队主教练;在迈阿密,他是"万王之王",主管一切篮球事务。他不甘受制于任何人,他需要绝对的自由和权力。

他的极端,体现在一切细节上。要防守,莱利就喜欢凶恶霸道,残忍到极点。与此同时,莱利又是个进攻端的理想主义者:20世纪80年代,他让206厘米的"魔术师"约翰逊担当湖人进攻组织王牌,开创了空前绝后的"表演时刻"浪潮。他相信未来的理想篮球手,应该是人人206厘米高、技术全面可以客串多个位置的天才。莱利的篮球风格不崇尚秩序、压抑、沉稳、耐心、中庸。他需要最极致的表现,无论攻防。

而他又喜欢老将。1998年他说:"伟大的队伍随时间的流逝而越加强大。"以及,"虽然天分会随年龄流失,但经验、感觉和胜利的欲望,会随时间而愈显强大。"他习惯运用各类残忍压抑让人崩溃的手段,让他的球队像他一样对胜利无比渴望。

1995年莱利初到迈阿密,就从夏洛特黄蜂"偷来"了铁血中锋阿朗佐·莫宁;1996年夏天,他给了莫宁惊人的七年1亿美元的合同,还寻思用相同价码,从华盛顿奇才招引全能前锋朱万·霍华德——当然没成功。21世纪到来时,莱利给了铁血前锋布莱恩·格兰特和全能后卫埃迪·琼斯两份大合同,指望他们和莫宁一起夺冠。可惜人算不如天算:莫宁这个铁汉的肾脏出了问题。

所以2003年韦德来到迈阿密热火时,这支球队有年轻的天才全能前锋、号称可以成为"魔术师"的拉马尔·奥多姆,有早韦德一年入行、进攻技巧优秀的小前锋卡隆·巴特勒,但缺少组织后卫和中锋。莱利身在幕后,让斯坦·范甘迪教练——一个喜欢穿圆领衫、喜欢在场边怒吼、喜欢拉开空间的胖大叔——担当迈阿密热火主帅。

2003年10月28日,德维恩·韦德首次身披迈阿密热火3号球衣,出战NBA比赛:在费城客场,他面对当时NBA最卓越的3号球员,名下已有三个得分王、三个抢断王的2001年常规赛MVP阿伦·艾弗森。他俩将来分别是各自位置上最为奔行如飞的精灵,但这一晚,艾弗森25投9中得26分,还有11次助攻、5次抢断,韦德18投8中得18分,还有4个篮板、4次助攻,全队最高。热火输了,但用费城媒体的说法,"韦德成熟得并不像个新秀"。

也没法怪热火:除了韦德,球队还有个首发也是新秀,那是203厘米的敦实大前锋尤度尼斯·哈斯勒姆。此后他将与韦德一起周旋十几年的人生。

2003—2004赛季常规赛,热火的开局实在不佳,遭遇七连败,其中五场比赛没得到80分。2003年11月12日,热火终于迎来了难兄难弟克

2003年11月12日,热火迎战骑士,这是韦德与勒布朗在NBA的首次相遇。韦德全场14分、7个篮板、5次助攻,勒布朗18分、3个篮板、7次助攻。

里夫兰骑士。韦德全场14分、7个篮板、5次助攻，对面，骑士的天才新人勒布朗·詹姆斯18分、3个篮板、7次助攻：

这是韦德与勒布朗，3号与23号在NBA的首次相遇。

韦德缓慢地调整着自己。他的远射不太行，但莱利相信他的持球攻击力。韦德有惊人的低重心与爆发力，让他可以突破对方卡住身位；他又有大幅度的横向移动，可以在突破中横移闪开空间。初入NBA时，他有些紧张，很容易突破对位者后，看见补防就急停跳投了。

莱利跟他说："不许这样，你得积极进攻！"

训练时，热火队助理教练凯斯·阿斯金斯和鲍勃·麦卡杜——后者是1975年的NBA得分王与常规赛MVP，真正的名人堂成员——对韦德推推搡搡，还使用橄榄球训练时的器具，但是，他们勒令韦德"你必须冲向篮筐，不能见防守就躲"。韦德承认："麦卡杜力量超群，而且真会撞击我，但我慢慢习惯了在对抗中冲向篮筐。"

2003年12月，韦德场均38分钟出场时间里得到19分、4个篮板、5次助攻。2004年2月，他场均36分钟里19分、5个篮板、4次助攻。他的命中率缓慢提高。当他独得31分，让热火97比85击败犹他爵士时，爵士队老教练杰里·斯隆——当年他曾在总决赛两次挑战乔丹的公牛——这样评价韦德：

"他持续攻击篮筐的能力，是我所见球员中的最佳。"

那个星期，韦德作为一个新秀，拿下了一次东部周最佳球员。

斯坦·范甘迪教练认为，韦德的长处在于他懂得调整——这话和训练师格拉弗所谓"韦德有个开关"类似。他懂得如何迁就队友融入团队，也懂得如何在关键时刻，轰然爆发，接管比赛。2004年春天，韦德成了热火的王牌。球队中锋布莱恩·格兰特说："我们开季时并不围绕韦德打球——他是靠自己的突破挣得了这份权力。"

当然，拼搏难免受伤。韦德在新秀年的春天，就带着一系列伤势在打球了，尤其是右脚伤势。但他对球队心存感激："开季时我希望可以多帮助队友，但现在，是他们在帮衬我了。"

2003—2004赛季常规赛结束，韦德在他的新秀年出赛61场，场均16.2分、4个篮板、4.5次助攻、1.4次抢断。迈阿密热火在开局七连败的情况下，最后拿到了42胜40负的东部第四战绩。季后赛首轮，他们将对阵新奥尔良黄蜂。

然后在他的第一场季后赛，韦德就打开了他的杀手开关。

比赛最后11秒，双方79平，热火的球权。此前已得19分的韦德接到边线球，在弧顶面对黄蜂的两届全明星后卫、那年常规赛抢断王巴朗·戴维斯。

韦德两下胯下运球后，连续右手运球，左脚一个交叉步，朝右突破，夺向巴朗身左边；巴朗立即反应过来，身体左转；但说时迟那时快，韦德一个胯下换手运球，身体已经转向左侧，左手运球右脚蹬地，瞬间已到巴朗右肩，运球，突破，收球，起跳——一个不算标准的高抛：球进了，81比79。

韦德转身与队友奥多姆撞胸，怒吼，右手击胸：他，一个新人，在第一场季后赛，就在全明星抢断王巴朗·戴维斯面前，完成了绝杀。

"他证明了自己有一颗杀手的心。"很多年后，莱利说起这个瞬间，都津津乐道。实际上，不止如此。华丽的运球，大幅度的变向，如铁的心志，冷酷的杀手气质，柔和的手感——韦德后来赖以成名的一切，都在那个球里体现了。

那个系列赛之后打了七场才分胜负，热火取胜晋级——其中第五场韦德轰下21分，在关键的最后一分钟以不擅长的三分球打破僵局，让热火3比2领先。之后的东部半决赛，热火遭遇常规赛联盟第一、61胜的印第安纳步行者，最后2比4败北。但韦德在那个系列赛发挥出色：第一场22分、7个篮板、4次助攻；第三场25分；第四场20分；第六场他轰下24分、3次抢断、2个封盖，包括第四节初一口气连得8分，让热火一度反超。

"他一年级，就成了我们的王牌。"助教麦卡杜说。的确，这次季后赛13场比赛，新秀韦德是迈阿密热火的得分王与助攻王。莱利很得意自己的眼光：

"别管他是组织后卫还是得分后卫了——他就是一个可以为我们赢球的人！"

至此，德维恩·韦德结束了他的 NBA 新秀赛季。他看上去一切都很好：年轻、坚决、勇敢、前途远大。他会有一段美好顺利的职业生涯。

但命运的剧变，来得更加惊人：2004 年夏天，韦德不小心就遭遇了 NBA 史上最传奇的一次波澜。

"鲨鱼"来了。

第二章

潮起潮落

04

"鲨鱼"东游

1972年3月6日,沙奎尔·奥尼尔生在新泽西的内瓦克,他妈妈叫露西尔·奥尼尔。他亲爹约瑟夫·托尼,是个典型的美国社区黑人小混混。小奥尼尔尚在襁褓中,托尼就因药犯事,进监狱趴着去了。34年后,奥尼尔这么说自己的出身:"我是外星人,我是在一辆火车上被捡到的。"

奥尼尔的继父菲尔·哈里森是个中士。1985年,哈里森在联邦德国威尔德弗莱肯驻防。路易斯安那州立大学的篮球教练戴尔·布朗来欧洲出差。他在营地里转悠,看见198厘米膀阔腰圆的奥尼尔,一时两眼发直。

"士兵,你军衔是什么?"

"我没军衔。"奥尼尔答,"我才13岁。"

布朗教练一激灵,立刻环顾四周:"你爸在哪里?我能跟他谈谈吗?"

小奥尼尔喜欢夸饰自己的强大,喜欢大大咧咧地开玩笑,大手大脚地行动。很多年后,他承认自己小时候遇到过许多孩子的恶意。"这一切让我渴望变得强大。"1990年秋,奥尼尔去了路易斯安那州立大学。戴尔·布朗教练在那里等他。大学里,大家给了他一个名震天下的绰号——"鲨鱼"。

那时他已有216厘米134公斤的无敌体格,起跳时手指可以够到篮筐以上75厘米。1990年11月,路易斯安那州立大学与澳大利亚来的纽卡斯尔打练习赛。"鲨鱼"一记扣篮,路易斯安那州立大学的马拉维奇中心篮筐支架移了13厘米,篮筐支撑杆断裂。1990年12月,路易斯安那州立大学打败全国第二的亚利桑那。那场比赛,奥尼尔打了28分钟,拿下29分、14个篮板、6个封盖。对手中锋布莱恩·威廉姆斯心有余悸,赛后第一句:"他没把我们队坐的大巴给吃了吧?"

"鲨鱼"是篮球史上罕见的怪物。他拥有篮球史上最庞大的体格,还拥有超常规的速度与爆发力,以及粗暴蛮横的劲头。大学篮球界认为他是金刚、怪兽哥斯拉、拳王迈克·泰森长了 216 厘米 140 公斤的躯体。但他骨子里,却又是个爱玩爱闹的小孩。

1992 年夏天,奥兰多魔术以状元选秀权,选择了"鲨鱼"。在 NBA 的第一年,他就以场均 23.8 分、13.8 个篮板球成为最佳新秀。1993 年夏天,魔术队再获得 201 厘米高的天才组织后卫"便士"安芬尼·哈达维,与此同时,"鲨鱼"在 1993—1994 赛季场均得到 29.3 分、13.9 个篮板,得分列到 NBA 第二。1994—1995 赛季,他拿到了 NBA 得分王,并带领魔术队在东部季后赛击败复出的迈克尔·乔丹带领的芝加哥公牛——那也是乔丹在 1990 年后,唯一输掉的季后赛系列赛——杀入 1995 年 NBA 总决赛,但败给了休斯顿火箭。1996 年夏天,魔术被乔丹的公牛复仇击败后,"鲨鱼"已是当世第一中锋。他以创当时纪录的七年 1.21 亿美元合同,加盟了洛杉矶湖人。同一年,湖人以第 13 位选秀权,拿下了洛马里昂高中的得分后卫科比·布莱恩特。

"鲨鱼"与科比这对组合在 1999—2000 赛季开花结果,开始联手统治 NBA:那年"鲨鱼"拿下了生涯第二个得分王、第一个常规赛 MVP,科比则成为 NBA 顶尖后卫,成为 NBA 最全能的攻击手。湖人常规赛 67 胜,并最终拿下 2000 年总冠军,"鲨鱼"拿到总决赛 MVP。第二年,"鲨鱼"与科比在常规赛争夺出手权——科比试图挑战"鲨鱼"的权威,"鲨鱼"当然大为不满,放出了"你如果不给大狗喂骨头,就别指望它给你看门"的重话——两人常规赛彼此吵嚷,但到季后赛,两人合力,所向披靡。湖人打出季后赛 15 胜 1 负的纪录,拿下 2001 年总冠军。接下来一个赛季,湖人完成了三连冠,成就王朝。"鲨鱼"连续第三年荣膺总决赛 MVP,成为 NBA 的霸王。

但阴影也就此埋下。科比与"鲨鱼",从来没成为真正的好朋友。

DWYANE WADE：THE WAY OF FLASH　　　　　　　　　　　　　　　　　　侠道　韦德传

"鲨鱼"和科比联手拿到 2000 年总冠
军，科比成为 NBA 顶尖后卫，"鲨鱼"
拿下总决赛 MVP

2003年，湖人被蒂姆·邓肯带领的圣安东尼奥马刺击败，王朝终结。2003年夏天，出了一件大事：2003年6月30日，科比为了进行膝部手术，于当晚10点到达科罗拉多州的一家酒店。7月1日，一位19岁的酒店前台雇员向鹰郡治安官报案称，科比对她进行了性侵犯。从此科比开始打官司。糟糕的不只是科比的形象大受损伤，还在于被讯问时，科比曾问警方，是否能私下了结；他称"鲨鱼"以前曾用这种方式解决过问题。不难想象，"鲨鱼"多么愤怒。

之后2003—2004赛季，湖人杀入总决赛，但却1比4输给了钢筋铁骨、防守坚强的底特律活塞——那年的活塞拥有本·华莱士与拉希德·华莱士两个巨人，拥有老辣的昌西·比卢普斯，跑动不息的射手理查德·汉密尔顿与"长臂猿"防守者蒂尚·普林斯。

于是到2004年夏天，洛杉矶湖人的"鲨鱼"VS科比的戏码，终于到了结尾。

先前2001年，"鲨鱼"在传记《鲨鱼的回击》中评价科比："伟大的小兄弟。"与他的关系"犹如一段漫长艰难的旅程，而且还在继续"。到2004年湖人败北后，"鲨鱼"与科比的时代正式结束。科比高调宣布，他考虑去洛杉矶快船。而当时32岁的"鲨鱼"还剩一年合同。湖人无意挽留"鲨鱼"了。三年之后的2007年夏天，媒体披露说，2004年夏天是这样的：湖人老板杰里·巴斯亲自打电话挽留科比，并说："'鲨鱼'走定了，我不愿付那么多钱给他。"

于是湖人兜售"鲨鱼"。而帕特·莱利决定接手。

2004年7月14日，32岁的"鲨鱼"去了迈阿密热火，而湖人获得二年级小前锋卡龙·巴特勒、曾被认为有"魔术师"资质的全能前锋拉玛尔·奥多姆、已经老去的铁血前锋布莱恩·格兰特，外加一个第一轮选秀权。

2004年夏，东部联盟奔走相告："了不得，'鲨鱼'回来啦！"步行者总裁沃尔什一脸紧张："'鲨鱼'一回来，什么都变了！"

"鲨鱼"很喜欢这感觉。迈阿密与奥兰多同在佛罗里达州，阳光海滩，煞是宜人。"到这儿，我跟出了监狱似的。正确的时间、地点、球队。哈哈！"

我们已经知道了，帕特·莱利性格颇为极端，他喜欢豪赌，喜欢大场面。2004年，他敢于送走巴特勒和奥多姆两个青年才俊，是因为他已经预备好了"鲨鱼"身旁的人——那就是韦德。

"我不知道'鲨鱼'是否看过我打球，我们队上电视的机会可不多。"22岁的韦德这么欢迎"鲨鱼"的到来，"他能谈论我的比赛，是我的光荣。他来了，一切都不同了。"

"便士"，科比，然后是韦德——"鲨鱼"身边的第三个天才后卫。

莱利的信心，来自"鲨鱼"的骄傲。

2002年夏，"鲨鱼"三连冠，志得意满，由此而生懈怠。2003年败北马刺、2004年不敌活塞后，他处于人生的低谷。世界都以为霸王老去，可是"鲨鱼"最不服老。尤其，被湖人扔出门后，"鲨鱼"更想对科比复仇。

"我要加入一个24小时减肥俱乐部！然后——爆炸！我不再喝可乐了！"

他希望重新成为得分王。"我三年级时，上半场就砍了很多分。然后多米尼克·威尔金斯对我说，'以后分开点儿，每节得7分吧，哥们。'好啊，我只要每节得7分，就能重新成为得分王啦。"

"鲨鱼"没忘了对科比放狠话：

"我是个命中率60%的大机器，我居然要求着别人给我传球？这他妈什么事啊！每场给我25次传球，我就让你们见识'鲨鱼'的实力——每场只有20分，那可不是'鲨鱼'！""鲨鱼"不肯提科比的名字："至于'那家伙'？我跟他从来不是朋友。他得花钱来买爱情。他是个悲剧、失败者、笑话、软蛋。看见韦德没？他可能超越任何人，超越我在湖人时期的任何队友。"

"鲨鱼"真的减了体重。2004年10月，他的体重减了12公斤，减到了148公斤，不再是那个发胖懒惰的暴君，开始朝1994年那个剽悍勇健的霸王形象前进。

一个小细节："鲨鱼"第一天与热火队合练时，韦德试图在他头顶扣篮。"那，你必须尝试下嘛。"韦德之后说。"鲨鱼"把他劈到了地板上，然后告诉韦德："永远别尝试这么做。"

自那以后，韦德再没挑战过"鲨鱼"的权威，但"鲨鱼"也因此喜欢上了韦德：他喜欢韦德的胆识。一个22岁刚打完一年级的孩子，来挑战NBA史上最权威的霸王？"鲨鱼"最擅长用漫画思维说事了，他如此吹嘘韦德：

"他是我的偶像！这是他的球队！他是'闪电侠'！"

用热火队主教练斯坦·范甘迪的话：

"'鲨鱼'的领袖作用，从第一天就开始体现了。"

莱利的疯狂赌博，远不止揽来"鲨鱼"这一桩。2004—2005赛季，迈阿密热火多出了11名新球员，而且大多偏老。"鲨鱼"在内，韦德在外。其他则有擅长中投、年少老成的大前锋哈斯勒姆，以及1996—1997赛季辅佐过"鲨鱼"的老朋友、射手埃迪·琼斯。

2004—2005赛季首战，"鲨鱼"21分钟内9投7中得16分，还有5个篮板，韦德21分、6次助攻，热火队100比77大破篮网队。第二战，"鲨鱼"17分、9个篮板，韦德20投10中得28分。第三战，"鲨鱼"27分钟内10投5中得13分，还有8个篮板，韦德则是37分、8个篮板、12次助攻。

"没关系！""鲨鱼"说，"教练担心我脚筋的伤，所以没给我安排太多战术。这是对的，我只有一个轮子嘛！"

球队的真正转折点，是2004年12月6日。

此前，热火队10胜6负，但第一个月的进攻却不算流畅。斯坦·范甘迪教练大胆派射手达蒙·琼斯为首发，既然球队已经确立了"鲨鱼"与韦德

2004年圣诞大战，NBA特意安排了热火对阵湖人，"鲨鱼"对决科比

两个核心，其他人只管远射和拉开空间罢了。188厘米的达蒙·琼斯，193厘米的韦德，198厘米的埃迪·琼斯，203厘米的哈斯勒姆。热火队阵容偏矮，但足够灵活，于是变成了"鲨鱼"独掌禁区，外围小阵容扫荡的局面。这个首发出现后，热火队就轰出14连胜。

这是热火的思路：半场慢速配合"鲨鱼"，最大限度利用"鲨鱼"所制造的空间，让韦德大量制造杀伤。除了那两位，其他球员大可以角色化、技工化。

可是最让"鲨鱼"开心的，还是2004年圣诞大战：NBA特意安排了热火对阵湖人，"鲨鱼"对决科比。

仇人相见，分外眼红。

那一战，"鲨鱼"在第四节被罚下，但迈阿密挺住了：他们在加时里赢得了比赛。"鲨鱼"的新搭档韦德得到29分，还有10次助攻。科比得到了42分，但最后时刻，他企图追平比分的绝杀没找准篮筐。

"没扣篮，没上篮得分。""鲨鱼"觉得自己克制了湖人。"每个人都是，尤其是那个人。呃，'那个人'嘛，我不想说他的名字。"至于科比错失的绝杀球呢？"那个嘛，我知道他不可能投进。这叫做沙奎尔·奥尼尔的命运诅咒！"

与"鲨鱼"搭档后，韦德起飞了。"他很无私，成熟得令人恐惧。"这是灰熊主帅迈克·佛拉特洛的说法。"联盟里有许多人能突破到篮下，但能如韦德般完成最后一击的人很少。"这是山猫主帅伯尼·比克斯塔夫的念头。

斯坦·范甘迪教练也忍不住吹嘘：

"他不只是NBA所需要的，也是职业体育所需要的——他是个太好的孩子了。"

"这些都是因为，'鲨鱼'将许多东西一口气展现在我面前。我获益良多。"韦德微笑着说。

在媒体面前，韦德诚实可敬，轻声细语，吐字清晰，对胜利饱含憧憬。

火样的激情，冰般的冷静，默默努力，而且对"鲨鱼"保持尊敬。

他的球风火热中带着理智。他不做自私的选择，永远寻找空当队友传球。他胯下运球，双重胯下运球，迟疑，控制节奏，晃动，爆发切入，连续胯下运球，接球跳步假动作突破，诸如此类。所有你可以幻想的突破招式，都在他的移动间流畅行进。他像月光雕琢的蛇，潜入禁区犹如滑行。至于进入了禁区之后，如莱利所说，韦德和年轻时的乔丹一样，有着令对手恐惧的勇气。他惊人的弹跳速率、在空中奇妙的协调性、在空中控制自己的身体从容不迫地做动作……而且，他每次的上篮动作，似乎都是预先为着被对手碰撞而摆好——那是他小时候，不断被兄弟们推到撞墙，依然不屈不挠的勇气。

"鲨鱼"的第一任后卫搭档是"便士"哈达维——风格清新洒脱，轻盈的突破、瑰丽的想象力、蜻蜓点水般的节奏感。"鲨鱼"的第二任后卫搭档是他的冤家科比，一个全能无死角的持球攻击者，一个全方位得分机器——半场任何地点都能起手强投，一对一摆脱后跳投和强行投篮一样有威胁，面筐试探步、假动作各种技巧炉火纯青。"鲨鱼"吸铁石似的吸引了一切关注，制造出的空间广阔无垠，正好被他利用。

而韦德和他们俩，都不一样。

韦德的射程并没有科比那么远，他的目的直接而明快：与"鲨鱼"在一侧时，他会与"鲨鱼"做挡切配合；大多数时候，"鲨鱼"处于弱侧，而他自己一对一突破，百万军中取敌首级。按说，长于突破、需要大量内线空间的韦德，并不是"便士"与科比那样的中远距离游动者。波特兰开拓者的前锋鲁本·帕特森给"鲨鱼"+韦德起了个绰号："蝙蝠侠与罗宾"。可是，作为"罗宾"，韦德的得分却常超过"鲨鱼"。

那是因为"鲨鱼"愿意牺牲和配合他。

也许因为，韦德够安静，够早熟。斯坦·范甘迪教练认为韦德是那种"所有职业体育都需要这样的人才，他一举一动都是你希望的职业球员做派"。达蒙·琼斯则说："我去过许多球队了（他在七个赛季中为九支球队打过球),但韦德是个特别的孩子。许多人会忽略的一点是,他对篮球比赛有丰富的知识。他如此有天分,打球总是很合理。他喜欢按人们希望的那样打球。"

至于"鲨鱼",更是说得天花乱坠,把韦德捧得晕头转向。

"我短短几个月就名扬世界,全靠'鲨鱼'说了那么多好话。"韦德承认,"我绝不会忘记他的好意。"作为对世界的感恩,基督徒韦德把自己10%的工资捐给芝加哥的教堂。

至于韦德的缺点,斯坦·范甘迪教练这么认为:"进攻端我们给他太多任务,所以他防守偶尔会不专注;我需要他防守更稳定些。其他缺点?我想不出其他缺点。"

对手眼中的韦德,能突破,能背身单打,能突破双人夹击,能急停中投,能急速转弯。夏洛特山猫的防守专家凯斯·博甘斯简单归纳:"他决定要突破篮下时——他就能到篮下。"山猫的教练比克斯塔夫补充说:"联盟里许多球员都能到篮下,但韦德有能力在篮下终结进攻。"他想了想,又补充说:

"何况他还有一手致命的撤步中投呢!"

队友们喜欢他的缘故则是,韦德不是个乱投篮的人。他珍惜每次投篮机会,每次攻击都让对手痛入骨髓。明尼苏达森林狼的老后卫萨姆·卡塞尔说韦德就是"攻击、攻击、攻击,不留情面地攻击"。实际上,他是如此高效,他甚至已经代替"鲨鱼"成为热火的首席得分手。

但韦德并无意成为球队的门面。"在高中,在大学,我也不是那种点燃全队斗志的人物。我天生不是这种人。"这让"鲨鱼"很高兴。实际上,韦德不只听"鲨鱼"的话,他还听达蒙·琼斯的话——即便琼斯只是个流浪射手,但他经验丰富。"我说一句控制节奏,他就会控制节奏。"琼斯如是说,"韦德是那种好小孩:任何话,你跟他说一遍就够了。"

似乎还嫌球队不够老,2005年2月,莱利又招来老射手斯蒂夫·史密斯,然后是3月,签回了阿朗佐·莫宁。33岁的"鲨鱼"和35岁的莫宁主导禁区后,迈阿密成为一支地道的老头子队伍,却神奇地拿到了59胜

23 负的东部常规赛第一战绩。而他们前一季，不过 42 胜。

二年级的韦德完成巨大飞跃：从新秀季的场均 16.2 分升到 24.1 分，外加 5.2 个篮板和 6.8 次助攻，入选联盟第二阵容。"鲨鱼"则出阵 73 场，场均 22.9 分、10.4 个篮板、2.7 次助攻、2.3 个封盖，场均 60.1% 的命中率是他职业生涯最高，理所当然的联盟第一阵容。而且，若非西部凤凰城太阳队的斯蒂夫·纳什制造了更辉煌的奇迹，"鲨鱼"差点冲下自己第二个常规赛 MVP。

2005 年东部季后赛首轮，热火队遇到了杰森·基德的篮网队，结果直接横扫。第一场迈阿密 116 比 98 干掉篮网队的比赛，"鲨鱼"17 分、11 个篮板，"鲨鱼"身旁的后卫 18 投 12 中得 32 分——唔，仔细看看，那不是科比，是韦德。

第二轮，热火队面对奇才，轻取前两阵。第一场"鲨鱼"26 分钟内 12 投 8 中得 19 分，还有 7 个篮板，韦德 18 投 7 中得 20 分。热火 105 比 86 大破对手。第二场，"鲨鱼"16 分、7 个篮板，韦德轰下 31 分、15 次助攻，热火队再胜，2 比 0。赛后，"鲨鱼"右大腿出了问题：淤伤，需要休息。

终究岁月不饶人，他以前从未缺席过季后赛。

第三场上半场，韦德表现奇差，6 次失误。中场休息，他甚至不敢抬头看队友，将头埋在双膝间发闷。每个热火队队友都过来鼓励了他。下半场，韦德归来了，轰下 19 分，全场 31 分。热火队取胜。第四场，他疯狂突破，22 投 13 中，17 罚 16 中。滚倒，爬起来，42 分、7 个篮板、4 次助攻，热火队击败奇才，横扫晋级。

"韦德这第三、第四场，是我有生以来看到过的前五位的卓越表现。"莫宁说。

韦德在季后赛锋锐更甚，他在一步步成为球队第一攻击手，甚至有取代"鲨鱼"之势，东部的对手凛凛危惧，比起科比＋"鲨鱼"，韦德＋"鲨鱼"对内线的杀伤更为惊人。奇才队的加雷德·杰弗里斯总结：

"韦德很快，而且力量十足。许多后卫，你撞上去，他们就飞了。可是韦德依然一往直前。"

2005年东部决赛，热火遭遇了底特律活塞。掩护、无球空切、机械化的中投、24秒读秒时刻的出手，这些缓慢重复的套路，一如伦敦大本钟那样古老而令人疲倦。东部决赛第一场，活塞掐死了韦德，让他25投仅7中，只有2次罚球。"鲨鱼"勉力14投9中得到20分，还有5个篮板，但这并不够。活塞90比81取胜。

第二场当天，2005年5月25日凌晨三点，韦德接到了一个电话。这个二年级生，这个居家好男人生怕吵到了孩子，他站起来接电话，听见"鲨鱼"的声音。

"我醒着，所以我也希望他醒着。""鲨鱼"后来说。"我希望他入睡前最后听到的是我的声音。我告诉他，慢慢享受这属于他的比赛。"

东部决赛第二场。活塞发现，热火队3号更直接地冲向了篮筐。韦德不再观望"鲨鱼"或其他人的走向，他像一个敏捷的送快递者在车流间穿梭，不断绕过所有的障碍将球抛出。他的视线与眼睛一样敏锐，而且绝没有半点犹豫。第一节他得到8分，还有4次助攻，然后在第二节，他甩出长距离妙传使两个琼斯三分如雨。第三节，活塞一口气打出11比1把比分反超为63比62时，韦德抿紧了嘴。

这一幕在之后两年的夏天屡屡让对手——小牛、活塞、公牛——恐惧不已。韦德微微垂下眼帘，抿紧嘴唇，双手叉腰，在观众的欢呼中走上球场。韦德不在三分线外做任何停留，每一个球都直抵主题，到了后来，连活塞队都知道他要干什么了：化身为闪电，前后转身，急停晃动，变向变速，连绵不断的节奏变化，穿越一切，从任何角度直劈篮筐。可是，活塞就是无法阻挡他。

"莱利对我说，即使是迈克尔（乔丹）也有糟糕的比赛……他要我放松一点。"韦德说。

这一个夜晚，韦德酷似乔丹。"鲨鱼"只得了17分，这无关紧要了，韦德最后一节力劈 20 分，全场 40 分。热火 92 比 86 取下第二场。

"鲨鱼"唤醒了韦德，但他也亲口承认了一件事：

"我第一次有这种感觉。以前，我总是觉得一切很轻易。现在，我得认真干活了。"

第三场，"鲨鱼"得到 24 分，韦德 36 分。热火队赢球，2 比 1 领先。但莫宁看着"鲨鱼"汗出如浆，也深表同情。"他那么努力，是因为他想证明点什么给洛杉矶看。"

活塞的计划是跑死"鲨鱼"，但"鲨鱼"尽量努力跟着活塞的节奏。他努力撑住两个华莱士，尽量不让活塞的边线挡拆和大范围转移玩弄。

5 月 31 日，活塞扳回一城，2 比 2。6 月 2 日第五战，韦德只打了 27 分钟就受伤倒下，15 分。"鲨鱼"引领全队赢下了比赛，15 投 9 中得 20 分，每个球都是在活塞的内线的钢铁中火中取栗。热火取得了 3 比 2 领先。

"重要的不是我，而是如何用好我，来有益于大家。""鲨鱼"说。

第六场，韦德因伤无法出战。"鲨鱼"18 投 11 中得 24 分，还有 13 个篮板、5 次助攻，统治了内线，可是除他之外，热火全队 46 投 15 中。热火以 66 比 91 大败。第七场，韦德带伤出阵取下 20 分，"鲨鱼"19 投 12 中得 27 分，还有 9 个篮板、3 个封盖，但大势已去，活塞 88 比 82 击败热火，4 比 3，晋级总决赛。

"我实在老了。我现在得不了分了。""鲨鱼"说。

后来的事众所周知：活塞在 2005 年总决赛中败给了蒂姆·邓肯的圣安东尼奥马刺。当圣安东尼奥全城欢庆马刺的总冠军之时，迈阿密在悄然运作。

莱利找来了摇摆前锋安托万·沃克——一个年轻时可以打五个位置、才华横溢，可是懒、胖、爱乱投三分、有过经典的"可惜没有四分球，不然我就投四分球"言论、防守时爱赌博的大前锋，以及"白巧克力"杰森·威廉姆斯——曾经是史上风格最华丽最妖娆、但在 2005 年夏已经开始日趋老成的组织后卫。沃克一来就宣布：

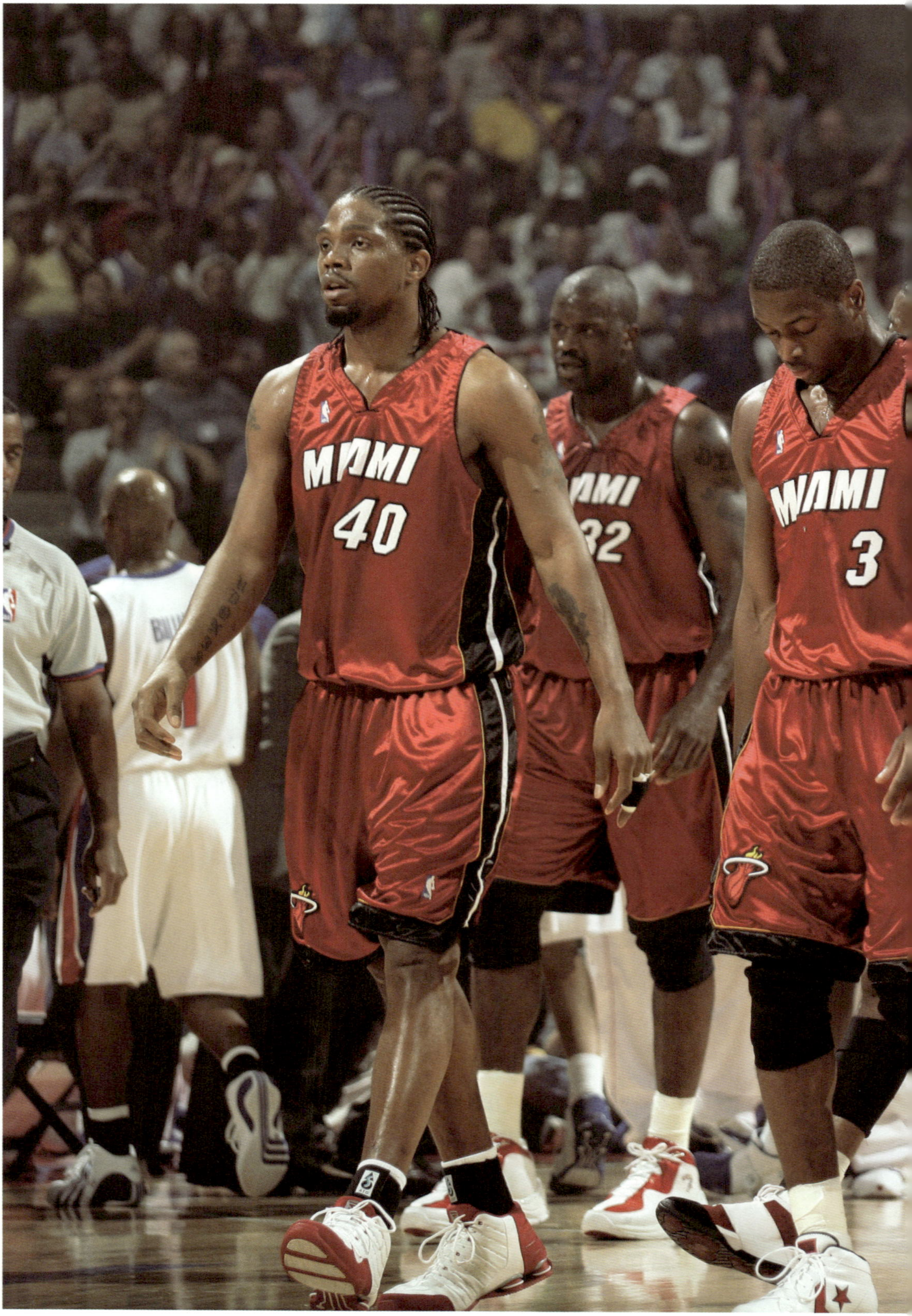
MIAMI
40
MIAMI
32
MIAMI
3

2005年5月31日第四场,活塞扳回一城。最终,热火总比分3比4不敌活塞,目送对手晋级总决赛

"我从来没离冠军这么近过！这机会我绝不会放过！"

当然，顺手也献媚一下球队王牌：

"我知道，'鲨鱼'和韦德是球队头两位。如果我能当球队老三，我就蛮幸运啦。"

最后，莱利找来了前 NBA 年度防守球员、20 世纪 90 年代最杰出的组织后卫之一加里·佩顿。迈阿密是个纯粹的老年军团了。

2005 年夏天，"鲨鱼"续了约：33 岁的夏天，他续约了五年 1 亿美元的大合同。帕特·莱利习惯性一掷千金。迈阿密的意思简单极了：

没有未来了，不管明天了。趁着"鲨鱼"还能打，趁着韦德正步入巅峰，将莫宁、佩顿这些老家伙们的冠军之心榨出来，豪赌一把总冠军吧。

当然，比起前一季，"鲨鱼"要恬退多了。2005 年夏，他很得意于 3 月份刚拿到的荣誉警察勋章：

"以后，我真的可以做警察啦！"

警察和超人，本来就是他的理想。

2004—2005 赛季，韦德的得分是热火队第一。"鲨鱼"不再嬉笑打闹于投篮次数了。一如 2005 年东部决赛所感受到的真相：

"我第一次有这种感觉。以前，我总是觉得一切很轻易。现在，我得认真干活了。"

一代天骄如"鲨鱼"，终究是凡人。他开始感觉到岁月袭击他的双腿了。当他开始老去之后，他的缺点也开始一点一点显露。"鲨鱼"乐意更多让韦德接管——只要能赢球。

"我从我以前的两个孩子那里得到了些教训。""鲨鱼"在 2005 年夏天说，"以前我总是朝'便士'和科比吼，他们觉得我是冲着他们去的。对韦德，我从来不大嗓门。"

他和韦德谁都没有公开提过"球队老大"这种事。韦德总是冷静地做他的小弟。当韦德被问起"你和'鲨鱼'谁是王牌"时，他总说："我喜欢我们的第二号腰位战术——我底线绕过'鲨鱼'的掩护，切到左翼45度接球，然后选择突破或给他传球。离开他，我什么都干不了。"

于是，"鲨鱼"可以不失尊严地将球队的主攻移到韦德身上了。他不再当包揽一切的霸王，他退后了一步。

鲨鱼和韦德谁都没有公开提过"球队老大"这种事,但是"鲨鱼"退后了一步,将球队的主攻移到韦德身上

05

冠军

2005—2006赛季开始了。2005年11月3日,"鲨鱼"打了新赛季第二场球:18分、6个篮板、5次犯规。即使韦德取下31分、6个篮板、10次助攻,热火队依然败给了步行者。这也是奥尼尔11月最后一次出战。下一场,"鲨鱼"以往讨厌的,"不会笑的铁面火神"阿朗佐·莫宁,带着他那个移植来的肾,开始担当首发中锋。

2005年11月,"鲨鱼"不在,热火队过得并不愉快。斯坦·范甘迪竭力地营造着阵容。然而,沃克依然不断投失远射,佩顿依然无法防守住速度快的对手,波西除了投三分不会别的进攻方式。虽然韦德场均27分、7个篮板、7次助攻,但热火还是很尴尬。唯一的安慰是,莫宁热血澎湃地搏命:他场均两位数得分,8个篮板、送出3.9个盖帽拱卫着热火队禁区。2005年12月开始,热火队爽脆的一个四连败。截止到12月9日,热火队的战绩是:10胜10负。11月26日对魔术,莫宁砍下15分、21个篮板。两天后对纽约尼克斯,莫宁9个封盖。

"莫宁真是个……真是个勇士啊!"开拓者主教练内特·麦克米兰感叹道,"难以想象他换过肾!"

12月11日,"鲨鱼"复出的当天,10分、11个篮板并不好看,但韦德面对同龄后卫华盛顿奇才的明星吉尔伯托·阿里纳斯,砍下41分。热火队结束了四连败。转折点在随后到来。12月12日,在蒙昧不清的陈述理由"为了照顾家庭"后,斯坦·范甘迪教练离职。而帕特·莱利,年过花甲的、荣膺过 NBA 历史上最多的三次年度最佳教练、带领湖人拿下过四尊总冠军奖杯、在执教 15 年即达到 800 场常规赛胜利、联盟历史上最风度翩然的主教练，帕特·莱利，重新出山，成为热火的主教练。

作为带贾巴尔、尤因和莫宁创造过辉煌的，善于运用中锋的教练，莱利清楚地知道，联盟的超级中锋正越来越少。"鲨鱼"即将老去，而韦德正大步前进。出山的莱利面对的是一支布满中生代及老将的球队。他的筹码是"鲨鱼"、韦德与老将们的好胜心。他亲手营造了这支热火队，他要亲手带这支球队才放心。

12 月，莱利上任后，沃克的出场时间锐减。经过调整后，2006 年年初，沃克主打替补，效率反而大增。同时，"白巧克力"接过了更多的组织任务，哈斯勒姆执行空位中投、在篮下拼搏。韦德和"鲨鱼"在半场进攻中的职责分得更为明确。热火队开始走上正轨。

2006 年年初，韦德找到了最好的定位——在这个联盟优待外线球员的时代，依靠他节奏感极佳的突破脚步、惊人的爆发力、聪明的无球跑动和任何地点持球均能直扑篮筐的冲击力，他的攻击变得锐不可当。"鲨鱼"在内线的牵制，使韦德能够从任何角度一对一强行突破，而低位的小技巧及变向无球跑动，配合"白巧克力"的给球——以及沃克偶尔的突破分球——韦德如鱼得水。2006 年年初，热火队在韦德场均接近 30 分并送出 7 次助攻的表演下，一度 22 胜 6 负。他们早早地把持住了东部第二的霸权——只落后于活塞——并且能够在接下来的时间中，调整自己的节奏。

2006 年 2 月，韦德拿下东部月最佳球员，甚至有人谈论他是否有可能竞争常规赛 MVP。然而，热火队在保持胜利节奏的同时却开始保留。在常规赛的最后一个月，热火队所有首发球员的上场时间均有所减少。与活塞队五大主力每场都打 36 分钟的狠劲相比，莱利更懂得如何把持节奏。2006 年 4 月，"鲨鱼"和韦德带着饱满的状态，迎来了季后赛。热火队常规赛

52胜，东部第二。

　　这一赛季，"鲨鱼"因伤只出赛59场，场均30.6分钟。他绵延13年的"场均20分＋10个篮板"纪录结束了：只有场均20分、9.2个篮板、1.8个封盖。联盟第一的60%命中率。唯一的安慰：他依然是2005—2006赛季第一阵容中锋。虽然"鲨鱼"已老，但这个巨人凋零的时代，时无英雄了。

　　唯其如此，他才能继续保有斗志。懒惰、发胖、挥霍岁月，他已经没资本那么做了。他忍受着莱利那残忍的训练方式，那和"禅师"截然不同的作风，因为他知道，莱利也感受到了岁月的压迫。季后赛到来时，"鲨鱼"145公斤——1993年以来最轻的体重。他不再打扮得像个电影明星，他开始减少各类事务。"我知道该朝哪儿走，哥们。"

　　而韦德则以75场比赛场均27.2分、5.7个篮板、6.7次助攻、1.9次抢断，成为NBA年度第二阵容后卫。"鲨鱼"知道，自己能依靠这个年轻人了。

　　2006年东部季后赛首轮，"鲨鱼"重现他的统治力。对手是年轻的芝加哥公牛。第一场比赛，韦德遭遇公牛队后卫同届生科克·辛里奇的死缠，虽然30分、11次助攻、3次抢断，但21投只有8中。

　　"鲨鱼"老爹出场了！

　　16投11中得27分，还有16个篮板、5个封盖，他把整个芝加哥的内线们当稻草似的扫飞了。热火队111比106取得开门红。第二场，韦德21分、7次助攻，"鲨鱼"14投8中、7罚6中得22分，还有7个篮板、3个封盖，热火队再胜，2比0。

　　"我和其他那些人不和时，我也有些问题。年轻'鲨鱼'和年轻'便士'？那时我该控制点。中年'鲨鱼'和年轻科比？那时我该控制点。可是老'鲨鱼'变和善变低调了，对吧？我不会去阻止韦德。这就跟《教父》电影似的。'便士'像弗雷多，科比像索尼，他们太想当老大了。韦德像迈克尔，现在时候到了，我会让你做你想做的。我得这么做，我的确老了。"

DWYANE WADE：THE WAY OF FLASH

侠道　韦德传

第三、四场，公牛连扳两城。韦德继续挣扎于辛里奇的纠缠，"鲨鱼"则被灵巧的公牛玩弄。第三场，8分；第四场，16分。当"鲨鱼"和韦德一起熄灭时，热火队只剩安托万·沃克乱枪打鸟的单打，外加射手们碰运气远射了。

对公牛第四场，韦德终于对佩顿发怒了——九届全明星佩顿震惊了，"这小子居然对我挑衅？"然后莱利分开了他们。之后佩顿承认，"我喜欢他冲我发火的样子。"这时他终于理解了，为什么韦德的大学主教练汤姆·克莱因会说，韦德内心有一团"被控制着的愤怒"。

佩顿明白了，韦德看似温和，但他的性格"根本不谦和，他对胜利有着狂热的饥渴，他想赢。他不留俘虏，他想杀死对手"。

韦德的怒火点燃了全队。第五场，"鲨鱼"26分钟内9投7中得16分。他一次次强攻篮下，12次罚球只中2次，但公牛内线被他的巨大躯体冲乱了。全场他另加10个篮板、3个封盖。韦德轰下28分摧毁了公牛内线，热火队取胜，3比2。

第六场，"鲨鱼"出笼：24投13中得30分，还有20个篮板、5次助攻、2个封盖，

2006年4月22日，与公牛的第一场比赛，热火队111比106取得开门红，韦德30分，"鲨鱼"27分

仿佛巅峰期"鲨鱼"归来。热火队取胜，4比2淘汰公牛。

"永远不会再有另一个'鲨鱼'了。""鲨鱼"很得意，韦德也附和："他在关键时刻，像一个统治者那么打球！"

东部半决赛，热火连续第二年遇到新泽西篮网。首场韦德25分，"鲨鱼"20分、10个篮板。可是对面超级后卫杰森·基德的22分、9个篮板、7次助攻，文斯·卡特的27分、8个篮板、6次助攻和理查德·杰弗森的20分，篮网全面开火。热火0比1落后。这场比赛后，新泽西媒体继续鼓噪：

"'鲨鱼'老了！"

"对，我是有点老了。""鲨鱼"不动声色地接着，"等着瞧。"

"鲨鱼"并没动气：他让韦德接管了比赛。

第二场，热火队111比89大破篮网队。韦德31分、6次助攻、4次抢断，"鲨鱼"28分钟内21分、6次篮板。第三场，"鲨鱼"19分、9个篮板、3次助攻；第四场，"鲨鱼"16分、8个篮板；第五场，"鲨鱼"17分、3个篮板。而韦德这三场分别是30分、19次助攻，31分、8次助攻和21分、6次助攻。关键的第五场最后，韦德用一个断球决定了胜负。热火队连胜四场，4比1淘汰篮网队。

"'鲨鱼'是老了，所以'鲨鱼'得换换路数。""鲨鱼"说。他在逆转过程中，更多给韦德做策应。帕特·莱利不再指望他做那个横扫禁区的怪兽。莱利希望他做一个组织中锋。"鲨鱼"愉快地承担了这个角色。"他是我所见过最好的低位传球中锋。"莱利说，"'天勾'很棒，但'鲨鱼'的传球更好。"而那些传球，让韦德可以轻松地从各个角度突破篮下。韦德也赞美了"鲨鱼"的勤奋："他在感染全队。"

热火与篮网的第三场，"飞人"卡特企图在三分线附近活动时，"鲨鱼"摇摆着大熊身躯杀出来补防。卡特丢球，"鲨鱼"飞起145公斤的体重去扑，两人撞在一起，人仰马翻。

"这只是我的警察反应而已！""鲨鱼"念叨，"我说过，我想做个警察，看见犯罪，我怎么能放过呢？"

当然,"鲨鱼"很不喜欢这个时代。"联盟正在毁坏许多事。""鲨鱼"说,"以后的 NBA 会很枯燥。就是一大堆德克·诺维茨基(达拉斯小牛的德国前锋)那样的长人在外围投三分球了。"

那时"鲨鱼"会怎么样?

"我才不会批评其他人呢。那时你们会听到'英勇的鲨鱼警官又逮捕了一个罪犯',或者'鲨鱼博士又开了个新办公室!'妙,我就喜欢那感觉!"

2006 年东部决赛,"鲨鱼"连续第三年撞上了底特律活塞:东部常规赛冠军底特律活塞;与过去两年一样坚韧、老辣、刚硬的底特律活塞;五大首发如机械零件般不变的底特律活塞。

因为犯规过多,第一场韦德打了 26 分钟,25 分;"鲨鱼"29 分钟,14 分、8 个篮板。然而热火队的防守控制住了活塞:佩顿死缠比卢普斯,沃克得到 17 分、7 个篮板。热火队的角色球员表现神勇,91 比 86 取下第一战。

第二场"鲨鱼"21 分、12 个篮板、4 个封盖,韦德华丽的 32 分。可是热火队反而输了。沃克 12 投 3 中,哈斯勒姆干脆 5 投 1 中。下半场,莱利受不了了:哈斯勒姆第一场就 9 投 0 中了。于是,索性撤下他。直到热火队输球,也不愿给他机会。

第三场,热火队开火了。

沃克、"白巧克力"在三分线外布伏,轮番突破让活塞头疼;哈斯勒姆知耻而后勇,像自动手枪般射进中投,10 分、7 个篮板。他们三人合计命中率 52%。莱利总结:

"活塞为了对付'鲨鱼'和韦德堆积篮下,所以我们需要其他人扯开防守。"

韦德 17 投 13 中 11 罚 9 中得 35 分,"鲨鱼"15 投 11 中得 27 分,还有 12 个篮板。两大王牌合计 62 分。热火队 98 比 83 击败活塞,2 比 1。

DWYANE WADE：THE WAY OF FLASH

侠道　韦德传

第四场哈斯勒姆继续神勇，16分、5个篮板。韦德防死汉密尔顿，让他15投仅4中，自己闪电掠下31分。"鲨鱼"12投8中，还有9个篮板。热火队89比78再胜，3比1了。

活塞依赖主场优势取回了第五战，然后是第六战：韦德开场5投1中，3次失误。半场之后，他苏醒过来，一口气让热火队领先12分——一记上篮，一记跳投，一记后仰投篮，又一个后仰投篮，一个假动作后转身。那些瞬间，活塞理解了篮网队主教练弗兰克的话：

"我再也不想听到韦德这个名字了……"

像淘汰公牛之战一样，"鲨鱼"在对活塞的第六场14投12中得28分，还有16个篮板、5个封盖。他能闻到胜利的味道。他知道什么时候把自己积蓄的力量爆发出来。热火队赢下第六场，4比2淘汰活塞，晋级2006年总决赛。

对面恰好是"鲨鱼"很不喜欢的，"以后的NBA会很枯燥"的，在外围投三分的德克·诺维茨基，以及他领衔的达拉斯小牛队。

达拉斯的考比·戴维森是个心思诡异的记者。他总是准备一堆神出鬼没的问题来对付"鲨鱼"。这次，总决赛前两场在达拉斯开战，他对"鲨鱼"端出了这个问题。

2006年5月27日，东部决赛第三场，热火队开火了，韦德和"鲨鱼"合计得62分

"我们假设,有条蛇咬了你妈妈的胸部。如果你吸出蛇毒,就能拿到总冠军,你会去吸吗,'鲨鱼'?"

"鲨鱼"盯着戴维森,然后给出经典的"鲨鱼"式回答。

"不会。不过,如果换成你老婆,我倒是愿意得很!"

"鲨鱼"继续得意洋洋:"那,你以后再也看不到这么巨大,这么性感的动作了。有时我的体重很大,可是体重和思考的等级有关!我是为了思考才加重的!"

可是2006年总决赛头两场结束后,"鲨鱼"的玩笑开不下去了。

小牛队中锋是埃里克·丹皮尔,一向被"鲨鱼"嘲笑的巨人。小牛队主教练是埃弗里·约翰逊,马刺前队长,他很熟悉"鲨鱼"。2006年总决赛第一场,"鲨鱼"很憋屈:丹皮尔和他的替补迪奥普两条大汉轮流上场,诺维茨基提前包夹限制"鲨鱼"接球。一旦"鲨鱼"接近篮下,毫不犹豫地犯规,请他上罚球线。

韦德一度抓住了这机会。第一节,他利用小牛对"鲨鱼"的忌惮,7投6中。但随后,小牛加强了对韦德的围堵。他们看穿了:热火队其他人没有内线进攻能力。结果第一场韦德25投11中得28分,还有6次助攻、4次抢断,"鲨鱼"11投8中得17分,还有7个篮板、5次助攻,但是9罚1中。糟糕的是,热火队只有这两个人罚过球,而三分线外是一塌糊涂的20投5中。小牛90比80取胜。

第二场,小牛变本加厉了。他们肆意夹击"鲨鱼","鲨鱼"第二场只出手5次,2中,得了5分。韦德的23分也无济于事了。热火队0比2落后。韦德承认:

"继续这么被包夹,'鲨鱼'很难得到出手机会。"

小牛的包夹很聪明。他们时而早早包夹,时而算准"鲨鱼"开始运球才包夹,而且从头到尾限制"鲨鱼"接球。第二场后半段,莱利把"鲨鱼"换了下来,让莫宁担当热火队最后15分钟的内线巨人。

这是"鲨鱼"职业生涯最尴尬的瞬间。哪怕是 2004 年败北活塞面对两个华莱士,"鲨鱼"还是可以叱咤风云。可是 2006 年,他只是汗涔涔地被人推挤着,小心翼翼不敢甩肘子,怕被裁判逮到犯规。那时的他,好像被逼到乌江末路的霸王。

2006 年总决赛第二场结束后,"鲨鱼"说他做了件事:此前,热火所有人都将传球朝他泼洒,但无效。"鲨鱼"在训练后,朝沃克,朝佩顿,朝韦德怒吼。

"你们他妈的打算干吗?"

他对韦德说:"你想当个巨星吗?你不想当科比和勒布朗吗(2006 年,科比·布莱恩特拿到常规赛得分王,勒布朗·詹姆斯则是常规赛 MVP 选票次席)?你的时候到了!"

"鲨鱼"后来说:"韦德是个团队球员,他总是第一时间给我传球,简直传得太多了。这是第一次,我们给了他一个特许证。"

这是"鲨鱼"给韦德的特许证:别管"鲨鱼"!你自己干吧!

2006 年总决赛前两场,热火一共输给达拉斯 24 分。十年后莱利承认,当时全队信心动摇。于是第三场前,他在黑板上写:2006 年 6 月 20 日。然后对全队说:"这一天我们要夺冠!"

2006 年总决赛第三场第三节结束时,"鲨鱼"坐在板凳上,双眼发直。热火队以 68 比 77 落后 9 分,眼看就要 0 比 3 落后了。而当时,韦德已经身背 5 次犯规。

帕特·莱利把所有队员集中起来,在他的战术板上写下一个词:"赛季"。

"你们就忍心这样结束你们的赛季吗?接下来,每一个球都得是我们的!"

热火助理教练埃里克·斯波厄斯特拉说,当达拉斯小牛的替补球员们一度觉得大局已定时,韦德站得直直的,自言自语:

"我不会认栽的!"

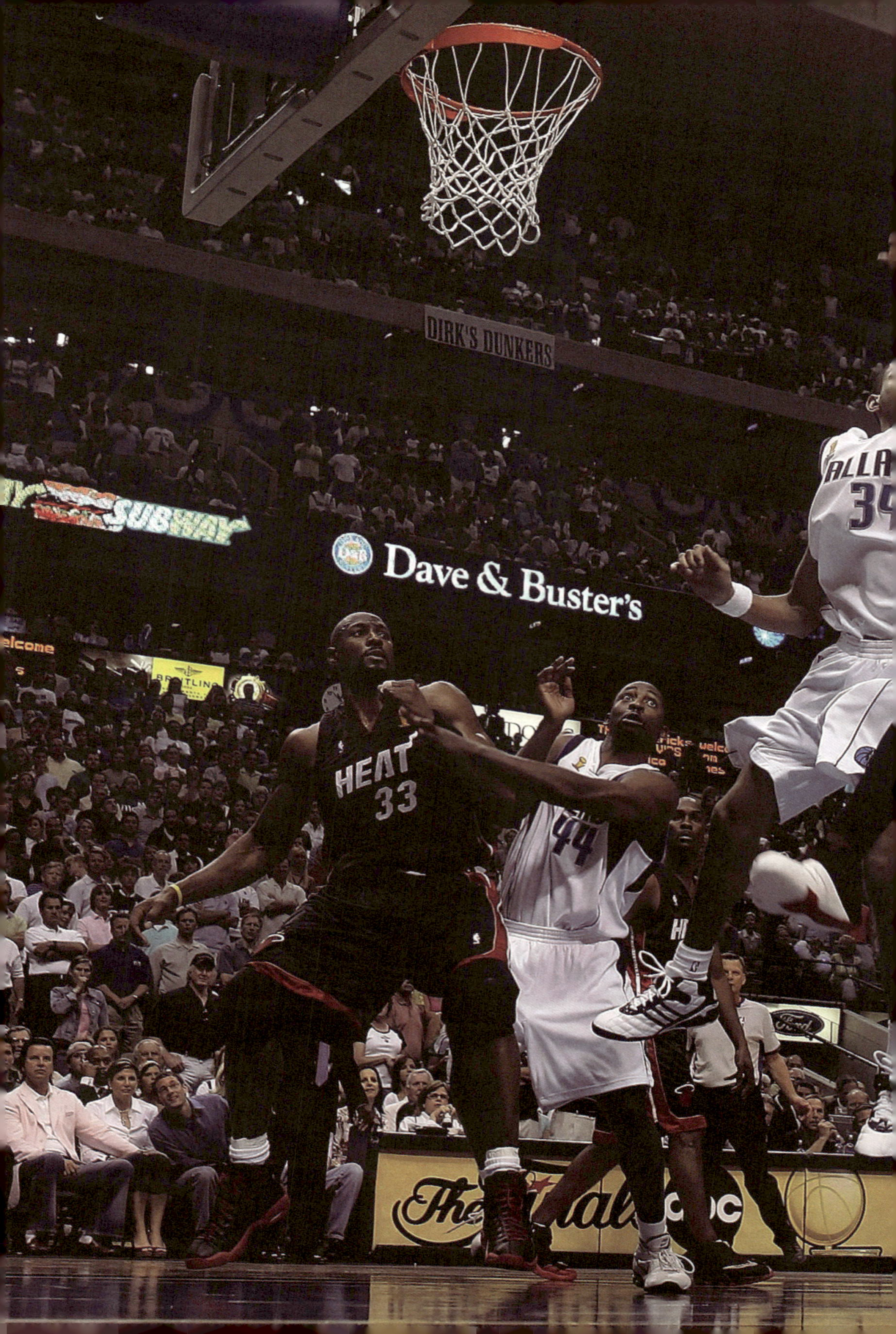
DIRK'S DUNKERS
SUBWAY
Dave & Buster's
DALLAS 34
HEAT 33
44

总决赛与小牛的第二场比赛，韦德23分无济于事，"鲨鱼"仅得5分，热火以85比99不敌对手，大比分0比2落后，陷入绝境

然后韦德启动了。斯波厄斯特拉说,他从未见过类似的事情:韦德包揽攻防每个回合。他确实想一个人统治一切。急停中投,抛投,突破造犯规,篮板,封盖,造进攻犯规。

"他匪夷所思。""鲨鱼"说,"他是个棒小伙儿。"

第四节前半节,韦德得了3分。但从比赛最后半节开始,他侵略如火。跳投,上篮,后场篮板,再突破,跌倒,罚球。6分钟内,他得了12分。全场42分。

帕特·莱利一直在吹嘘:"韦德就是一个矮了两英寸的乔丹。"这一晚,韦德的42分的确像乔丹——自从2001年总决赛"鲨鱼"的44分和艾弗森的48分以来,总决赛中又一次出现单场40分。可是韦德依然镇定。他在场上飞翔,可是两脚踏足实地。

"别把我和乔丹比,世上只有一个乔丹,我不是他。"

"鲨鱼"9投6中得16分,还有11个篮板、5次助攻、2个封盖。不错的表现,但一如莱利终于承认的:

"韦德是我们的第一进攻选择了。"

第三场最后时刻,NBA史上最老辣的防守者加里·佩顿对"鲨鱼"说:"我们不给你传球的,大佬。那小子杀得兴起呢。"佩顿自己在最后把握了命运。双方96平进入最后时刻时,"白巧克力"对他说:"加里,如果韦德没空位,我就传给你,你来投。"佩顿自己射中了最后的中投,热火98比96取胜。1比2。

第四场,韦德继续无休止地突破。小牛无法阻挡他。韦德23投13中得36分。"鲨鱼"8投6中得17分,还有13个篮板、3次助攻、2个封盖。热火队98比74大破小牛,追成2比2。小牛主帅约翰逊愤怒了。他对所有队员怒吼:

"早告诉过你们!2比0领先就高兴了吗?这是一个七场才能打完的艰难系列!"

比赛中最戏剧性的瞬间:"白巧克力"断球快攻,等着"鲨鱼"劈开海浪般快下，准备让他来一个压垮篮筐的扣篮。小牛队斯塔克豪斯恶狠狠的一记犯规，把"鲨鱼"拉倒了。"鲨鱼"起身，若无其事。

"那犯规很黑？没关系。我女儿打我都比这重。我可是老学院派篮球最后的产物之一。你来这么记猛犯规，然后走开，以前大家都这么爷们。嗯，其实被这么打一下感觉不错。谢谢你斯塔克豪斯。我很欣赏。"

然后他又说高兴了。

"别把我当寻常人！其实我是个外星人，只是证明文件被毁啦。我是在一辆火车上被捡到的！！"

韦德则说，他最喜欢的细节是："小牛队员们开始自言自语，自我怀疑了。于是我们明白，我们搞定他们了。"

第五场，"鲨鱼"18分、12个篮板，可是12罚只有2中。比赛再次变为韦德一个人的疯狂突破。常规时间最后10秒，他启动，打板射进扳平的一球，双方93平进入加时，韦德对莱利说："我想朝左边突破了。"莱利叫来"鲨鱼"：

"给那孩子做个掩护吧。"

"当然无所谓。他是眼下最好的球员。""鲨鱼"赛后说。

加时赛最后时刻，诺维茨基投中，热火队99比100落后。终场一攻，最后1.9秒，韦德空中失去平衡，然后，13米外的萨尔瓦多裁判吹哨：诺维茨基防守犯规，韦德罚球。

然后他就完成了本场第25次罚球，两罚全中，热火队101比100赢球，3比2。

小牛愤怒了。替补后卫阿姆斯特朗认为："这小子的裁判待遇比乔丹还好！这小子转身、后仰跳投，我们没碰他，他就上罚球线了！NBA是在干什么？！"

佩顿则认为韦德配得上那些罚球："他打得如此凶狠，小牛无法阻止他。"

只有一点，特里和斯波厄斯特拉是达成共识的：韦德当时是一对四。

2006年总决赛第二场上半场韦德进行了扣篮，但最终热火输掉了比赛，总比分暂时0比2落后

他眼里已经没有其他人了——队友詹姆斯·波西曾经在空位举手要球，韦德没理会。斯波厄斯特拉说：

"韦德就是这样。他为了达成目的可以不惜一切代价。"

取得 3 比 2 领先后，第六场和第七场在达拉斯打。莱利认为根本不会有第七场，第六场就要定胜负。他勒令所有球员，只许带一场的行李去达拉斯。他在飞机场安检那里等所有队员。发现詹姆斯·波西带了两件外套。"你还想在达拉斯打到打第七场？"于是莱利让波西滚回家去换行李，另外搭商务航班去达拉斯打第六场。

"我们就准备一场的行李！达拉斯完了！"

莱利的太太偷偷在行李里多给他备了身衣服。莱利得知后歇斯底里："你敢瞒我！"

带着这份绝无侥幸心理一场定胜负的心志，迈阿密热火在达拉斯来到了总决赛第六场。后来小牛的杰森·特里认为，第六战是 36 岁、换过肾脏的老铁汉阿朗佐·莫宁改变了比赛。他封盖，他一个人封锁禁区，控制篮板，怒吼，让热火燃烧了起来。莱利说了个细节，他是什么时候相信热火会赢的：

"加里·佩顿揪特里的球衣，让他投丢空位三分的时候。这就是冠军队！"

佩顿自己说："我就是这样！裁判允许我这样，我就这样！为了冠军！"

第六场韦德 18 投 10 中，21 罚 16 中，得 36 分，还有 10 个篮板、5 次助攻、4 次抢断、3 个封盖，投中的 10 个球里有 9 个是利用小牛对他突破的恐惧，完成的撤步中投。"鲨鱼" 9 分、12 个篮板。在比赛最后时刻，莱利敲着战术板怒吼：

"他们马上就要放弃了！他们是支软蛋队！你们比他们强硬！你们一定能撑到最后！！你们要赢球！！你们能赢总冠军！！再撑一下，你们就夺冠了！！"

然后热火队 95 比 92 击败小牛。4 比 2，迈阿密热火连翻四局，拿到

2006年总冠军——球队历史上第一个总冠军。

年轻时，"鲨鱼"曾经搭档过两个年度第一阵容的超级后卫："便士"和科比。2005—2006赛季的韦德没能进联盟第一阵容，但他走得更远：总决赛场均36分，24岁的韦德举起了总决赛MVP奖杯。

加里·佩顿在奔忙了16年后，终于和忙碌14年的莫宁一起，成为冠军阵容的一员。回过头来，帕特·莱利那曾经油光水滑的大背头已经被银丝浸染。时隔20年，61岁的他举起总冠军奖杯时，依然雄姿英发。

"鲨鱼"说："伟大的帕特·莱利告诉我，我们会夺冠。我没打出最好的比赛，但韦德打出来了。他是史上最好的球员！"

"我来迈阿密，因为知道有个小怪物在这儿。我知道我想让他变得更好，哇哈哈哈！"

总决赛期间，他的亲爹约瑟夫·托尼来了。可是"鲨鱼"没肯原谅他。"总冠军戒指要献给菲尔·哈里森。他才是我的爸爸。托尼的确是我亲生父亲，可是，你把一个孩子降生到人间，并不意味着你就完成做爸爸的义务了。我21年没见过他，以后的21年我也不想见他。21年前，我妈需要一个支持她的男人，菲尔·哈里森站出来了。所以，他是我的爸爸。是他把我养大，让我成为如今这样的人物。"

与此同时，24岁的德维恩·韦德，三年级的德维恩·韦德，打出了NBA史上最传奇的总决赛之一。

他一路走来并不容易：东部半决赛对篮网第五场剩9秒，他抄球得手决定了比赛。对公牛的第五场他大腿拉伤，但他坚持出战。总决赛第三场最后时刻他抄掉了德克·诺维茨基的界外球，终结了比赛。

已经下台的热火前主帅斯坦·范甘迪，如此说2006年总决赛的韦德："韦德突破天际。过去六个星期，他在一个无人达到过的水平打球。我觉得乔丹都没打过这么好的总决赛。他是联盟最好的球员，他取胜的能力使他出类拔萃。勒布朗·詹姆斯、科比·布莱恩特和'甜瓜'安东尼都很棒，他们以后都可能带队夺冠——但韦德现在已经带队夺冠了。"

丹佛掘金的主帅乔治·卡尔说："我有我最爱的球员。很长一段时间，我最爱的是约翰·斯托克顿（NBA 史上助攻王）、凯文·加内特和蒂姆·邓肯（可能是史上最伟大的两位大前锋），现在我最爱看的是韦德。他打球很合理，他的精神如此迷人。他总是专注、聪慧又有团队精神。"

韦德自己说，总决赛第三场剩 6 分钟落后 13 分时，那个决定命运的时刻，"并不算什么。我经历过比这惨烈的事情太多了。"

我们都知道他在说什么，他自己也承认："看到我妈妈身处毒瘾中，对我而言实在是最黑暗的。嗑药的人与一般人无法沟通，你跟他们说话，他们却睡着了。我当时为此难过。"

所以，对他而言，打篮球产生的刺激与压力，都不算事了。"对我而言，生死时速是种乐趣。我得以释放自己。这就是我的时刻。"

DWYANE WADE：THE WAY OF FLASH 侠道　韦德传

2006 年 NBA 总决赛第四场比赛中，韦德面对诺维茨基试图上篮

热火在 0 比 2 落后的情况下连扳四局，拿下 2006 年 NBA 总冠军——球队历史上第一个总冠军

24 岁的韦德获得了总决赛的 MVP，他打出了 NBA 史上最传奇的总决赛之一

赛后，韦德开心地庆祝球队历史上第一个总冠军

06

低谷

但辉煌之后，便是阴影。

2006—2007赛季开始，"鲨鱼"打了4场比赛就受伤了，然后时光就转到了2007年。2007年全明星赛前，"鲨鱼"只打了13场比赛。

受制于细微弱点的巨人，在其克服重重苦难，终于要踏上辉煌之路时，却被一个暗地里的伏弩射中脚踵。这本来是剧作者们用滥的套路，在骗眼泪、煽惊呼方面卓有成效。但是真的看到这一切后，你就只能感叹时光无情。

常见的巨人膝腿病，并不一次性发作，而是循环的折磨。从"鲨鱼"入行开始，他恐怖的体重就对膝盖压迫过大。1995—1996赛季开始，他的膝伤就零星不断；在漫长的职业生涯中，腿脚新伤连绵不绝。每一次新伤都未必致命，但却一点点侵蚀他的双腿。右脚受伤，左脚额外承重，于是左脚再受伤，如是恶性循环。2006年，"鲨鱼"左膝软骨撕裂，手术之后，左膝、脚踝都有了伤。随着各种运动，能量上下传递，一处脆弱点会让左腿的其他部分更加受力。对巨人来说，"鲨鱼"双腿遭受的厄运属于相当典型的：体重的压迫和碰撞，腿脚某处受伤；持续承压，恶性循环，左右脚轮番受伤。

"鲨鱼"倒下后，韦德的肩膀开始承受全世界的重量。

当"鲨鱼"离开后，韦德回过头来，才发觉这支上季刚夺冠的球队，底子居然是如此孱弱。一鼓作气，再而衰，三而竭后，队里是38岁的佩顿，

36 岁的莫宁，每场孜孜不倦投扔 5 个三分球的 30 岁大前锋沃克，29 岁的波西。没有了"鲨鱼"阴影的覆盖，这支球队望去居然如此凄凉。

当此之境，最难过的也许是帕特·莱利。虽然当初以五年 1 亿美元签下"鲨鱼"时，他便带有赌博的意味——而且赌博成功了，莱利赌下了 2006 年总冠军。2006—2007 赛季还不过是这 1 亿美元合同的第二年，"鲨鱼"已经躺倒不干。显然，"鲨鱼"不可能在 36 岁甚至 37 岁时忽然返老还童，场均得到 30 分，还有 15 个篮板——那是逆天而行。

到 2007 年 2 月 1 日，热火只有 20 胜 25 负。"鲨鱼"受伤，莱利也去做手术了，球队六神无主。2 月 21 日，热火对阵休斯顿火箭。当韦德试图从火箭防守专家肖恩·巴蒂尔手中抄球时，他拉伤了自己的左肩，最后被一辆轮椅送下了场。队医给了两个建议：

——接受缓慢复健，带伤打球。

——直接做个手术，休息整个赛季。

后一个选项意味着，提前结束卫冕指望。韦德选择了带伤继续打。他戴上了黑色护肩，保护住整个左肩，避免再次受伤。赛季结束，韦德打了 51 场比赛，场均 27.4 分、4.7 个篮板、7.5 次助攻和 2.1 次抢断。他依然是联盟顶尖的存在——只要他还能健康地出场。

但因为他只打了 51 场，"鲨鱼"只打了 40 场——场均 17.3 分、7.4 个篮板、2 次助攻、1.4 个封盖，几乎全是职业生涯新低，每场只打 28.4 分钟——热火常规赛战绩，只有 44 胜 38 负。

东部季后赛，热火与去年一样遇到了芝加哥公牛。"鲨鱼"第一场打了不到 27 分钟就被罚下了，14 投 9 中 19 分。韦德 16 投 7 中得 21 分。热火队 91 比 96 败北。第二场，热火队 89 比 107 大败。"鲨鱼"17 分、8 个篮板。

第三场，"鲨鱼"抖出了威风：17 投 10 中得 23 分，还有 13 个篮板，连招牌的 12 罚 3 中都出现了。可是，热火队依然败北。第四场，他的 16

分、7个篮板无济于事了。热火队被公牛横扫，4比0出局。韦德四场比赛场均23.5分、4.8个篮板、6.3次助攻，但无济于事。他的左肩和左膝都出问题了。

这也是NBA史上，第一次上赛季冠军被横扫出局。

芝加哥的专栏作家萨姆·史密斯评点了"鲨鱼"：

"该是你离开迈阿密的时候了。"

"鲨鱼"的回答是：

"萨姆·史密斯就是个白痴。白——痴！"

可是莱利也许不想赌了。2007年夏，热火队已经开始兜售冠军队球员：詹姆斯·波西走了，安托万·沃克走了，杰森·卡波诺走了。迈阿密热火开始重建。2007—2008赛季，热火以1胜8负开局。于是到2008年年初，36岁的"鲨鱼"被交易去了凤凰城太阳，得回了太阳也想放弃的、29岁的前锋肖恩·马里昂。

对韦德而言，这真是命运的捉弄。

入行第二年，搭档霸王"鲨鱼"，成为明星；三年级，一路勇决，打出了童话般美好的传奇，登顶世界；可是在最好的年纪，却开始被伤病折磨。"鲨鱼"离去，热火队离散。2007—2008赛季，韦德一整年都在与膝伤对抗。整个赛季他还是只打了51场比赛。迈阿密热火最后只有15胜67负。

就在夺冠两年后，韦德的命运跌到了谷底。

更糟糕的是：2007年，他还和妻子西奥沃恩陷入感情危机了。

但我们都知道：韦德不惧怕黑暗——他经历过太多黑暗了。

07

重生

2008年夏，韦德跟着美国国家男子篮球队，去北京参加了奥运会。他是球队替补，但神奇的是：他是球队的得分王。他的快下、内切上篮，游刃有余。决赛美国击败西班牙之战，他二分球5投全中——包括一记让人印象深刻的后仰跳投。

他苏醒了。与此同时，2008年夏天，迈阿密热火迎来了两个没谱的新人。

第一位是2008年榜眼，堪萨斯州立大学208厘米的前锋迈克尔·比斯利。这小子的表情，总像在说"老师讲课真没劲，我打个盹，你别叫醒我"。他永远如此：在高中，在大学，你给他时间和出手权，他给你得分。2008年球探报告上说，他的模板是"甜瓜"……的确很相似：他可以打两个前锋位置；他精通一切得分手段；大一就将整个NCAA都打了个遍；虽说除了得分能力，其他方面一般，但得分能力超群，根本不需要所谓体系。

他为堪萨斯州大打的第一场大学正式比赛，31分钟内就砍下了32分、24个篮板；两天后，30分、14个篮板；一周后，28分、22个篮板。

他经常漫不经心地在禁区附近散步，然后一个箭步拧向底线，接过传球后转身切入爆扣，这又很符合他大前锋的身份。有时兴致忽来，他会吊着死鱼眼跑到三分线弧顶，向后卫要过球来，用一系列胯下动作玩翻对手，强袭篮下得分。如是，他已经拥有作为大前锋来说强得过分的面筐攻击技巧，作为小前锋来说根本不该有的背筐能力。

当然，他也有天才式的缺点：散漫，注意力不集中，不成熟，防守时无所事事。在他最懒散时，他甚至不愿突进篮下，只是懒洋洋地用精准的外围跳投来完成进攻，将在自己面前手舞足蹈、试图拦阻的对手视若无物。他并没有表现出对胜利的十足渴望，而且时时忘记教练的战术安排。堪萨斯州大的教练弗兰克·马丁说："我们很尴尬，尴尬于这套业已取胜的战术。"

另一个人，则是 2008 年第 34 号新秀，188 厘米的后卫马里奥·查尔莫斯，也来自堪萨斯——虽然是堪萨斯大学。

早在全美初中生运动联盟（AAEAA）打球时，查尔莫斯就是个胜利者。他对赢球的严肃态度，几乎会把对面只打算打打篮球锻炼身体的孩子吓哭。初中组决赛，最后时刻，他的阿拉斯加 12 比 14 落后孟菲斯。他起手三分球，15 比 14，绝杀了孟菲斯。观众们一时间感到眩晕：嘿，小子，你那么认真干吗？

他进了高中，先是阿拉斯加星队，然后是巴雷特高中队，其间拿到 2002 和 2003 年两次州冠军。有人开始简单地叫他"超级马里奥"。

查尔莫斯进了堪萨斯大学。大一赛季过了 1/3，他开始首发，而且再未让出这个位置。赛季结束时，他场均 11.5 分、3.8 次助攻，以及漂亮的场均 2.7 次、全季 89 次抢断纪录——最后这个统计破了堪萨斯大学与 BIG 12 区历史新人纪录。有两周，他甚至当选该周全美最佳新人。

大学第二年，队上第二高的场均 12.2 分，以及依然不出色的 3.3 次助攻，全季 97 次抢断。季末，他和马库斯·达夫共享了俄克拉荷马州最佳防守球员，BIG 12 区第三阵容——但是，他成了 BIG 12 区第一防守阵容，而且是季后赛BIG 12区最杰出球员。然后，单季97次抢断，堪萨斯校史纪录。

大三，最后一个赛季，场均12.8分，又一个单季97次抢断，三分率高达47%。蝉联BIG 12第一防守阵容，BIG 12第二阵容，全美第一防守阵容——当然，这些对他是不够的。从初中到高中，他都是个天生要做冠军的人。

2008年，NCAA冠军战。对手是孟菲斯大学，查尔莫斯对位的是几乎已锁定2008年状元的天才后卫德里克·罗斯。鏖战整场，还有2秒时孟菲斯领先3分。查尔莫斯一个匪夷所思的远射，将比赛拖入加时。最后孟菲斯被击败，查尔莫斯带队夺冠，以决赛的30分加冕了四强赛最杰出球员。

因此，2008年秋天，迈阿密热火的训练营里，韦德时不常跟查尔莫斯开玩笑：

"嘿，马里奥，赖以打败罗斯的那记超级三分球录像，你看了有多少遍？"

"一百万遍吧。"

新来的两个年轻人，都不太让热火队省心。2008年秋天，比斯利和查尔莫斯搭伙，跑去了洛杉矶维拉夜总会。看门人严肃地对他说："孩子，你们才19岁！对不起。"比斯利在职业生涯开始三周后，就超速了一次，而且还是在故乡华盛顿。被交警拦下后，发生了以下对话：

"你没注意仪表盘上的时速？"

"我关掉了手机，后来我发觉手机打不开了。"

2008年10月29日，迈阿密热火迎来了2008—2009赛季首战。在查尔莫斯的NBA处子战，他13投7中，三分4投2中，7个篮板、8次

DWYANE WADE：THE WAY OF FLASH

侠道　韦德传

在北京五棵松奥林匹克篮球馆举行的2008年北京奥运会男子篮球决赛中，韦德随美国队以118比107击败西班牙队夺得金牌

第二章 潮起潮落

查尔莫斯面对布鲁克·洛佩斯运球

助攻，得 17 分。

第二场，3 分，第三场，6 分、4 次犯规……三场合计 5 罚 2 中……等一下，第一场是偶然？

然后，11 月 5 日，热火迎来费城 76 人。赛后 76 人明星前锋埃尔顿·布兰德总结："我们跑得油都没了。"

因为马里奥·查尔莫斯拿下刷新队史纪录的 9 次抢断。"每次抢断都能来次快攻，然后就是个简单的上篮了嘛。"他这么说。这是他的哲学。他在进攻端依然像一支偶尔走火的手枪，一遇到正经环境就投不进球。但一旦局面混乱，他就像鲨鱼嗅血一样，第一时间醒来，然后开始暴走。

2008 年年底，比斯利宣布流感，无法进食，呕吐，体重减了 5 公斤（迈阿密的队医拒绝回答细节），休养。

"哪来的流感？"

"我养了三条狗，大概八个月了。我每天跟它们在一起待很久，所以，大概被它们传染了。"

虽然这么折腾，但他表现不差：第二场比赛他得 17 分，还有 9 个篮板，第三场得 25 分。一直到 2008 年 11 月 28 日，他改打了替补，但第二场就 27 分钟得到 24 分。

热火队主帅埃里克·斯波厄斯特拉，接替莱利的亚裔主帅，如是评价两个年轻人带来的风格：

"我们想让这个球馆变成一个，嗯，别的队不敢来的地方……我们想把球迷弄回来。你看，我们认真打球、拼命、展现出激情——去年我们可没这样——就给这球馆通电啦。"

当然了，除了这两个小疯子外，真正为 2008—2009 季热火通电的，是德维恩·韦德。

一种巨大的误会是，韦德仅仅是快而已。如果只论直线冲刺，韦德未必是 NBA 最快。但看韦德打球，给人的错觉是这样的：世界是泥沙，他是水银；世界是丛林，他是条蛇。经常你会觉得，他和他人处于不一样的节奏中。他可以做出匪夷所思的大幅度运转，他的低重心能够在摇摆间抹过任何空隙，行云流水。莱利称赞他"肩膀比膝盖还低"当然夸张了，但他的确可以如蛇般匍匐，潜入禁区犹如滑行；至于进入了禁区之后，他和年轻时的乔丹一样，用惊人的弹跳速率、在空中奇妙的协调性，在空中控制自己的身体从容不迫地完成致命一击。

韦德进马奎特大学时，80 公斤不到。进 NBA 时，96 公斤。他很自豪："我加的基本是肌肉分量！"

——他给自己上的力量训练很猛，他跟格拉弗训练时，最在意的部位，很奇怪的：臀和胯。

"韦德在场上有时只是小跑散步，但他经常需要立刻连一个爆发力十足的动作；所以我们在意下肢爆发力、核心力量和协调性。我们不轻易加分量，只是训练得更有针对性。"这是格拉弗先生的说法。

重心、爆发力、协调性、力量、浑然的球感、速度、灵活、勇决与空间感的完美结合。

2008—2009 赛季，韦德除了招牌的突破外，又多了两样。

一是叫挡拆后的中投。

韦德不是个优秀的远射手。他的中投姿势很好认：跳步 + 深蹲 + 高跳 + 高出手点——翘屁股深蹲，膝盖借力，力从地起，高跳，高出手，双动投篮。

因为他只有 193 厘米，这个尺寸想投急停篮，就得比别人跳得更高、蹲得更深，才能摆脱干扰，不被盖掉。又因为韦德习惯蹲深发力（连罚球也如此），出手有个前置动作，不算快，所以格外需要跳得高。

大体上，韦德这种套路，是上个世代的投法。20 世纪 80 年代那些迎着防守强投的得分王前锋，20 世纪 90 年代乔丹们的投法。所以韦德一生都不以三分球见长，但他的强行中投能力，至为卓绝。

DWYANE WADE：THE WAY OF FLASH 侠道 韦德传

2008—2009 赛季，韦德挡拆后的中投
能力至为卓绝

2008—2009赛季，除了招牌的突破外，韦德的封盖突飞猛进

其二便是他的封盖。韦德不算高，193厘米而已；不算能跳，原地弹跳80厘米，助跑单挑88厘米。他的身材条件里，唯一显著的是臂长：臂展211厘米。

然而封盖这玩意，并不全然靠身高。韦德的老队友阿朗佐·莫宁描述过，封盖最要紧的，是时机。在NBA，护筐巨人是篮筐的守门员，经常提前补位，背后就是篮筐，看准出手时机，一巴掌过去即可。外线球员的封盖，大大不同：那大多是补帽、偷帽、协防轮转帽。韦德就是如此：他攻击篮筐的嗅觉，他补位封盖的嗅觉，都来自于他对时机的把握。2008—2009赛季，韦德经常对位翼侧，看着对手突破队友，于是转身、右脚落地瞬间起跳，后发先至，一个帽。

至此，他成为当季NBA攻防两端最嗜血的球员：防守端，他残忍地猎杀封盖；进攻端，他不停地突击对手的心脏。他带着一群年轻人打球，显然没有夺冠指望。支撑他的，是骄傲，是心。

那年秋天，韦德很喜欢玩一款电子游戏——《吉他英雄》。他说他可以担当乐队的吉他手、贝斯手、鼓手，也可以领唱，"我喜欢包揽一切"。

这个习惯，也体现在了篮球场上。他的老教练斯坦·范甘迪说："他以前是每样活都干一点，本季是……每样活都干很多！"

赛季打了不到一半，热火已经超出了前一年15胜的战绩。韦德自己在2009年1月承认："这是我觉得我状态最好的一年，我能用所有方式帮助球队赢球。"得到41分，还有7次助攻，带热火击败国王后，韦德说了他的野心："我也想与勒布朗、科比和那些梦想总决赛的家伙们站在一起。我知道我们不是当年夺冠那支老将团队了，但我每天都在让年轻人们（比斯利和查尔莫斯）往那个方向走。这是全然不同的挑战。"2009年1月23日，他成为42年以来第一个单场得到40分、10次助攻、5个封盖的球员——那场他对多伦多猛龙得了40分、11次助攻、5个封盖，但球队还是输了。韦德时不时摇头苦笑：他说他有时摇头是因为年轻队友太傻了，有时却又惊叹于他们的天才。以及，他觉得自己有时像个家长在哄小孩：为了庆祝比斯利的20岁生日，韦德带队友们给他泼了桶碎冰。"有时我还蛮喜欢这样子的。"

韦德也很支持38岁的新主帅斯波厄斯特拉："年轻不是问题，只要你知道你在做什么。斯波厄斯特拉教练了解自己的所作所为。"多年后韦德退役时，如此回忆：他初到迈阿密热火时，斯波厄斯特拉教练是做比赛录像工作的，时不时被叫出来，"帮韦德训练投篮！"他让韦德注意投篮的平衡，于是韦德的中投进步了，他俩的关系从此好了起来。韦德觉得，除了莱利之外，球队也有个人可以说说话，真好。

与此同时，他也在努力教导这些孩子们，"我努力让年轻人了解如何成功，与此同时我也在学习如何领导球队。不只是让他们保持信心，积极向上，有时我得让他们知道他们的问题在哪儿，有哪些行为是不可接受的。"

查尔莫斯对韦德佩服得五体投地："他厉害得吓死人，就是吓死人！"2008年12月20日，韦德盖掉了216厘米的巨人布鲁克·洛佩斯的投篮，让查尔莫斯目瞪口呆。韦德自己说："说实话，把那些高你十几厘米的巨人盖掉还蛮有趣的，我喜欢盖帽胜过扣篮。毕竟在这个球队，我得让年轻人明白，好身体得体现在攻防两端。我有时得让他们看看好防守是怎么样的。"

2009年全明星赛后，狂飙开始了。

2月23日对奥兰多魔术之战，韦德轰下50分、5个篮板、5次助攻。下一场，韦德得31分、7个篮板、16次助攻，球队击败活塞。他的突破分球日益犀利，他持球挡拆后寻找射手的视野让对手无奈。对纽约尼克斯，热火一度落后15分，韦德第四节轰下24分，全场得46分、8个篮板、10次助攻、4次抢断、3个封盖，带队反败为胜。接下来对阵东部第一克里夫兰骑士，面对老哥们勒布朗·詹姆斯的42分，韦德轰下41分、7个篮板、9次助攻、7次抢断。下一场，面对老队友"鲨鱼"的太阳，韦德轰下了

2009 年 3 月 9 日，加时赛，韦德抢断公牛的约翰·萨尔蒙斯，比赛压秒时刻出手——三分球入筐，热火以 130 比 127 绝杀对芝加哥公牛

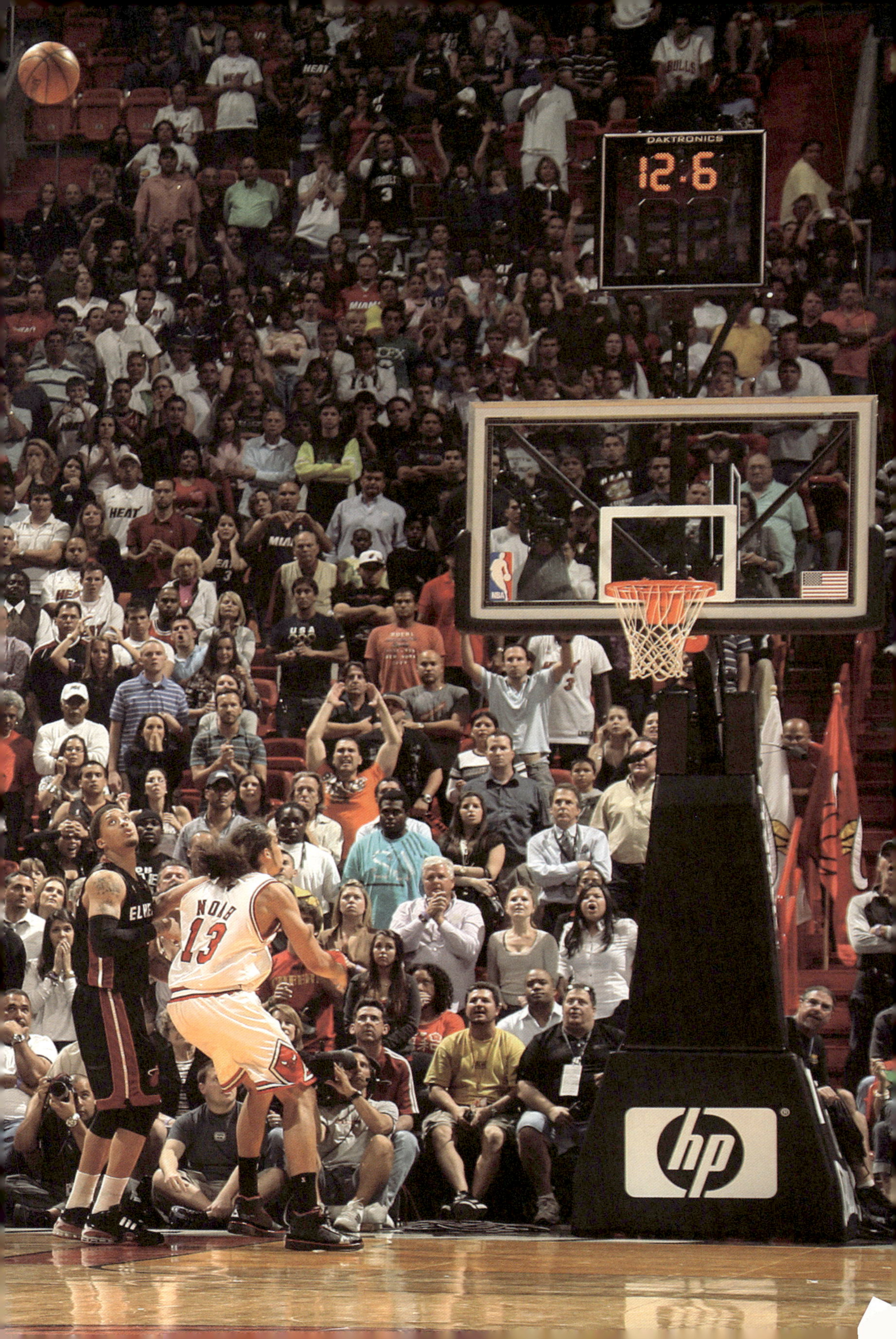
DAKTRONICS
12.6
NOAH
13
hp

35 分、6 个篮板，以及生涯最高的 16 次助攻，带热火 135 比 129 击败太阳。不到一周后，韦德打出了神奇一战：对芝加哥公牛，第二个加时赛最后时刻，双方 127 平。公牛的约翰·萨尔蒙斯持球，然后，用他自己的说法，"韦德不知从哪儿出现了"，韦德从他身后断球，独自奔向前场，在比赛压秒时刻出手——三分球入筐，热火以 130 比 127 绝杀取胜。韦德 50 分钟内轰下 48 分、12 次助攻、6 个篮板、4 次抢断、3 个封盖。赛后他跳上记分台，挥舞双手。

迈克尔·比斯利赛后说：

"他每天到球馆都说，'我好累，我觉得我今天啥都干不了。'然后他就得了 40 分、46 分、47 分。我倒真想看他不累的时候是什么样……"

之后对犹他爵士队，韦德轰下 50 分、10 个篮板、9 次助攻、4 次抢断、2 个封盖，带队 140 比 129 取胜。他取代阿朗佐·莫宁，成为迈阿密热火队史得分王。

带队击败夏洛特山猫后，前一年 15 胜的迈阿密热火晋级 2009 年东部季后赛——前一年 15 胜的球队第二年进季后赛，NBA 历史上这是第二次。2009 年 4 月 13 日对阵纽约尼克斯的比赛，韦德前三节轰下 50 分，第四节他没怎么打，于是全场 55 分。

赛季结束了。迈阿密热火打出 43 胜 39 负，较前一年进步了 28 场。韦德打了 79 场比赛，场均 38.6 分钟里轰下全 NBA 第一的 30.2 分，外加 5 个篮板、7.5 次助攻、2.2 次抢断和 1.3 个封盖——NBA 史上第一个单季得到 2000 分、500 次助攻、100 次抢断、100 个封盖的球员，同时，他也是第一个 196 厘米以下还能单季送出 100 个封盖的球员。所以迈阿密虽然战绩一般，他在那年常规赛 MVP 的选票里，还是仅次于勒布朗·詹姆斯和科比·布莱恩特。

那也是韦德的好哥们勒布朗·詹姆斯，生涯第一个常规赛 MVP。

当然，韦德一个人，没法把球队带远。那年季后赛，热火遭遇了亚特兰大老鹰。第一场热火只得到可怜的 64 分，最后 64 比 90 被老鹰击败。第二场韦德抖擞精神轰下 33 分带队取胜，赛后哈斯勒姆与查尔莫斯们又是"我们全靠韦德了"之类的赞美。第三场韦德轰下 29 分、7 个篮板、8 次助攻以及 4 个封盖，热火以 107 比 78 血洗老鹰，以 2 比 1 领先。但第四场和第五场，老鹰依靠无限换防锁死热火的射手，再锁死内线，连取两场。

韦德在第六场轰下 41 分，强行将分差扳到 3 比 3 平。赛后亚特兰大媒体承认："我们把一切都施展出来了，还是抵挡不了韦德。"第七场，韦德又是 31 分，在比赛末尾一节还强行带队逆转，但无济于事了：热火 78 比 91 输掉第七场，结束了 2009 年季后赛。

那年秋天，《体育画报》总结这轮系列赛："如果说这一年有什么经验可借鉴的话，那就是：单是依靠复苏之后强大如此的韦德，依然不足以将迈阿密带向更远方。"

2009—2010 赛季刚开始，2009 年 11 月 11 日，韦德在对阵芝加哥公牛的比赛里得到自己 NBA 生涯第 10000 分。11 天后，对阵东部豪强克里夫兰骑士的比赛中，韦德在巴西长人安德森·瓦莱乔头顶劈下了一记惨无人道的扣篮——连瓦莱乔的队友勒布朗都承认这一球太伟大了，"史上前十的扣篮！"

这一年的韦德，打得稍微留力了，但不意味着他在变弱。2010 年 1 月 6 日，面对联盟防守最顶尖的强队波士顿凯尔特人，韦德轰下了赛季最高的 44 分。一个月后，2010 年全明星赛上，韦德拿到 28 分、6 个篮板、5 次抢断、11 次助攻，拿到了全明星赛 MVP。这一年，他带热火完成了 47 胜 35 负，自己 77 场比赛里场均 26.6 分、4.8 个篮板、6.5 次助攻、1.8 次抢断、1.1 个封盖。

然后季后赛首轮，他遇到了波士顿凯尔特人。

有必要多说一下凯尔特人。

2007 年夏天，波士顿凯尔特人云集了"三巨头"——2004 年常规赛MVP、NBA 史上最全面的球员之一凯文·加内特，当时 NBA 射中三分球最

DWYANE WADE：THE WAY OF FLASH   侠道　韦德传

面对安德森·瓦莱乔，韦德的扣篮可以用"惨无人道"来形容

第二章 潮起潮落

2010年4月23日,东部季后赛第三场比赛,韦德在与凯尔特人的比赛中,杀入内线。这一战,热火两分惜败,最终总比分1比4不敌凯尔特人

多的神射手雷·阿伦,以及当时 NBA 最全面的得分手保罗·皮尔斯。他们在 2007—2008 赛季打出常规赛 66 胜 16 负的战绩,并最终夺冠;2008—2009 赛季他们在领跑东部一段时间后,因为凯文·加内特受伤而在东部半决赛输给了后来的东部冠军奥兰多魔术。

2010 年春天,凯尔特人依然是联盟顶尖的王者之师,并且立刻在东部季后赛首轮,以 2 比 0 领先了迈阿密热火。

韦德在第三场轰下 34 分,双方鏖战到最后 1 分钟。但之后韦德射丢了不擅长的三分球,保罗·皮尔斯关键时刻中投压秒绝杀,100 比 98,凯尔特人取胜,拿到 3 比 0 的领先优势。

明明已无晋级希望,但韦德愤怒了。第四场第三节结束,热火以 71 比 77 落后,已得 27 分的韦德接管比赛:第四节韦德轰下 19 分——凯尔特人全队 15 分——全场 46 分。热火 101 比 92 取胜,没被横扫。凯尔特人主帅道格·里弗斯感叹:"神奇!"斯波厄斯特拉教练则同样简洁:"伟大!"韦德则认为自己手比较热是因为:

"我是个节奏型球员,进了节奏,我能投进任何球。"

第六场,韦德 31 分,但热火不是凯尔特人的对手,全队除了查尔莫斯 20 分外,没人得分超过 8 分。凯尔特人那边,皮尔斯 21 分,雷·阿伦 24 分命中 5 个三分球,凯文·加内特得到 14 分,还有 8 个篮板,狠辣后卫拉简·朗多得到 16 分,还有 8 个篮板、12 次助攻。热火败北,1 比 4 被凯尔特人淘汰了。

"单是依靠复苏之后强大如此的韦德,依然不足以将迈阿密带向更远方。"

实际上,倒霉的不只是韦德。迈过热火后,凯尔特人以 4 比 2 解决了东部常规赛第一克里夫兰骑士。第六场获胜后,据说凯文·加内特对蝉联常规赛 MVP 却依然没有冠军的勒布朗·詹姆斯说:

"忠诚有时会伤害你。"

凯尔特人将继续击败奥兰多魔术,到 2010 年总决赛,然后七场惜败给洛杉矶湖人,成就科比·布莱恩特第五个总冠军。

但韦德和勒布朗，有了别的想法：2010年，韦德、勒布朗和他们的好朋友，同为2003届的克里斯·波什，都到了合同告终，可以自由选择未来的时候。

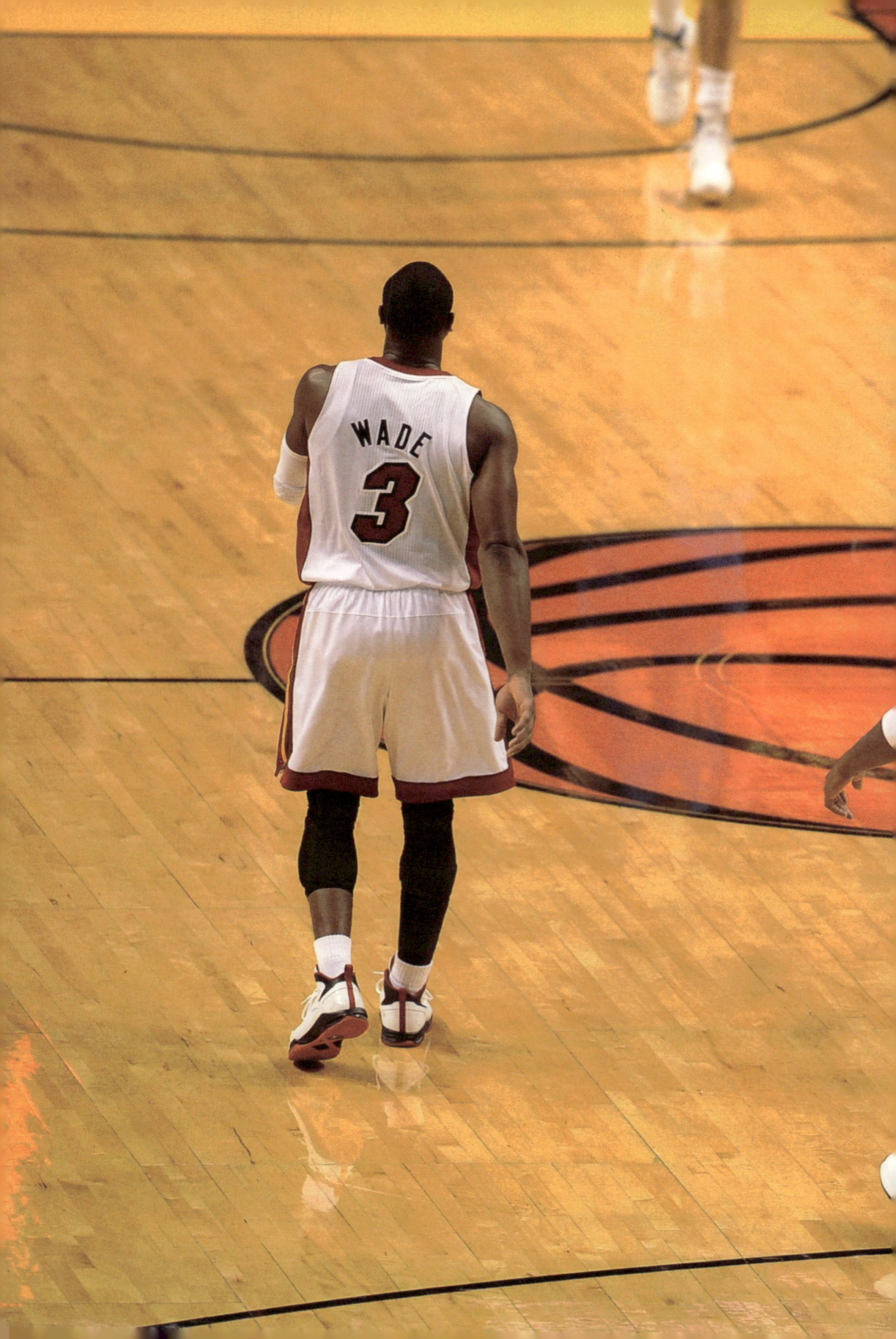
WADE
3

第二章

痛失冠军

08

"三巨头"

很多年后，韦德承认，2010年夏天前，没想到自己能与勒布朗共事。当时他去了自己经纪人办公室，经纪人说勒布朗有个电话。

勒布朗："你会去哪儿？"

韦德："我会朝胜利去，你呢？"

勒布朗："一样，我们一起玩吧！"

韦德："酷！我们一起干吧！"

他俩一度想跑去芝加哥：那里有工资空间，又有德里克·罗斯这个2008年状元，还有刚硬锋线如罗尔·邓与乔金·诺阿。于是韦德建议："去芝加哥？那里还是个大城市，大市场呢！"

——当然，也因为芝加哥是他的故乡。

他俩也琢磨了纽约的可行性，然后他们回过头，发现只剩迈阿密热火有足够的工资空间，能同时签下勒布朗、韦德和波什三个人。当时他俩觉得波什是他们的完美搭档。

于是，就这样了。

2010年6月底，传言纷扰。纽约尼克斯、新泽西篮网、迈阿密热火、芝加哥公牛，都已经腾出了两个顶薪球员的空间，他们都期待刚拿到两届常规赛MVP的勒布朗选择自己。勒布朗终于宣布，要在ESPN向全世界直播自己的决定。"一个小时。"他的商业团队如此决定。与此同时，迈阿密传来了大消息：同为 2003 届的全明星前锋克里斯·波什已决定加盟迈阿密热火，去与德维恩·韦德做伴。

波什当时还不算顶尖巨星：七年职业生涯，三季场均 20 分、10 个篮板的表现，一共打了 11 场季后赛。面筐进攻、运动能力、身高臂长和篮板出色。然而帕特·莱利的真正目标，是勒布朗。

2010 年 7 月 9 日，ESPN 向全世界直播。勒布朗穿一件红白细格子衬衣，说出了他的决定：

他要去迈阿密热火。

从这一刻起，NBA 史上又多了一个专有名词："决定（The Decision）"。

一夜之间，"决定"的争议遍及全美。传奇射手雷吉·米勒认为，忠诚是必要的。勒布朗的老队友埃里克·斯诺摇头说："这让我无法再赞同勒布朗了。"而传奇明星查尔斯·巴克利说得更干脆："如果我 25 岁，我就会去争夺一枚属于自己的戒指。"克里夫兰球迷开始公开焚烧勒布朗的球衣。骑士队的老板吉尔伯特发表了公开的愤怒信。

当然也可以这么想：

勒布朗从来喜欢强调团队，他相信最后的团队成就。他选择去热火队，既现实又聪明，而且很直接：迈阿密热火有韦德、有波什、有帕特·莱利，那的确是他极接近冠军乃至王朝的一个选择。

在迈阿密热火为勒布朗和波什开的欢迎会上，他们三人像摇滚歌星般出场。他们大摇大摆在舞台上欢闹，唱了一段歌谣：

"我们要的不是两个、三个、四个、五个、六个总冠军，我们的目标是许多个总冠军！！"

这首歌显然让人不快。2010—2011 赛季，迈阿密热火预订了联盟公敌的角色。这点压力让勒布朗反思。2010 年秋天，他说：

"如果可以重来一次，我大概会把'决定'做得不同点儿。"

2010—2011 赛季常规赛开始了。开季 9 战，"三巨头"并没打出大家预想中的杰出表现：实际上，热火 5 胜 4 负。克里斯·波什承认"我有些

在迈阿密热火为勒布朗和波什开的欢迎会上,他们三人像摇滚歌星般出场

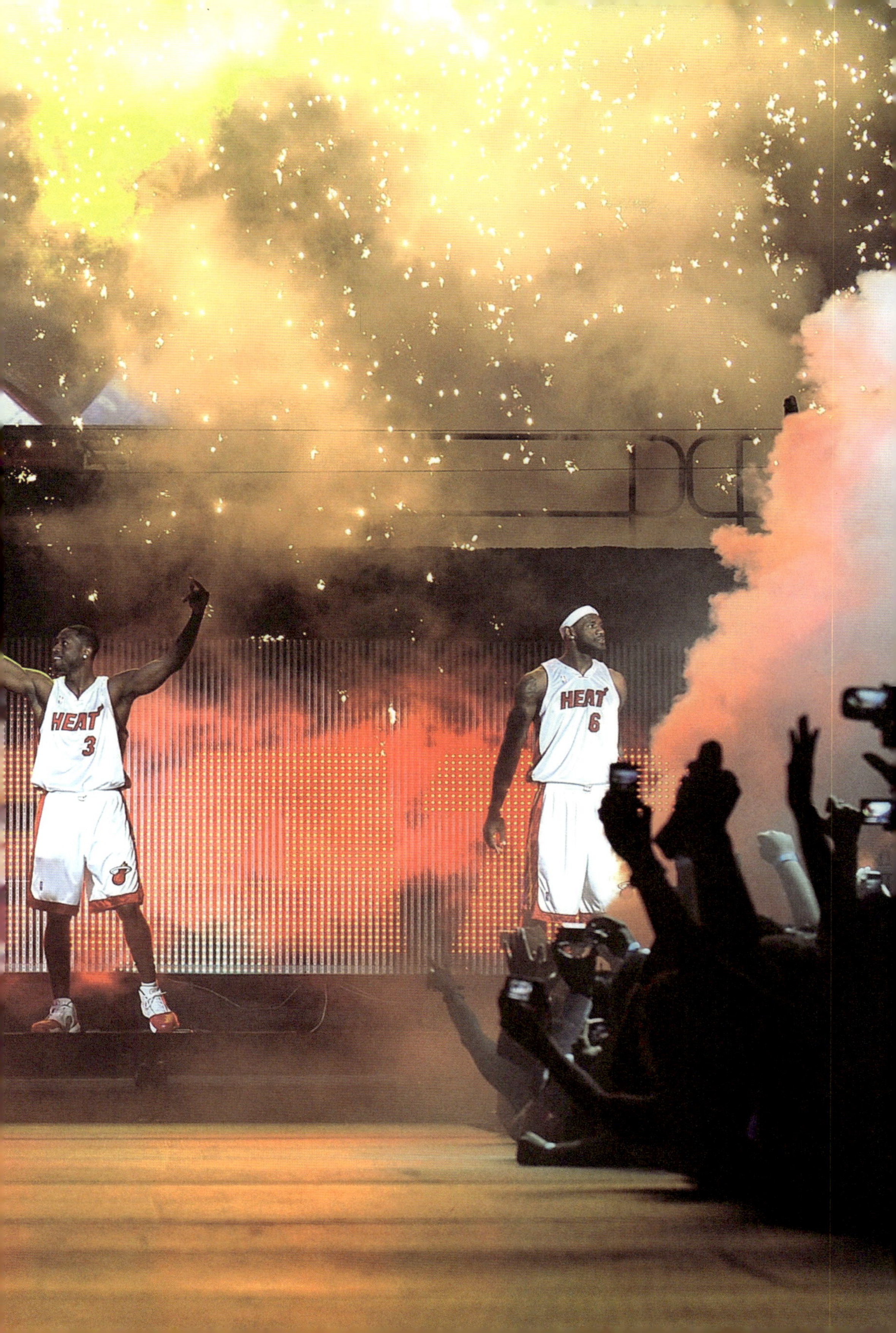
HEAT
3
HEAT
6

迷失"。

韦德依然是全队得分王，但多少失去了主控权，更多快下、空切与两翼单打。他这么解释：

"勒布朗打得很有侵略性，所以我们的机会就有点被压缩了。"

2010 年 12 月，埃里克·斯波厄斯特拉教练想到了个离奇但是有效的法则："回馈法则"——勒布朗和韦德，谁能够防下一个球来，谁就有权支配下一次进攻。

这听来有些像驯养猎犬的方式，但是的确有效。勒布朗和韦德是联盟最可怕的两个外围游弋者。他们游动、包夹、延阻、卡位、断球、盖帽、轮转返位，能够覆盖巨大的范围。迈阿密靠大个子们——埃里克·丹皮尔与乔尔·安东尼——扎住了禁区，靠外围这两个无敌扫荡者解决一切。

与此同时，韦德与勒布朗又都是全能的突击+组织者，但勒布朗长于身高、视野和大开大合的传球。他当年在骑士，单打也喜欢自弧顶始，以雷霆之力和居高临下的组织打开全局。而韦德长于无球移动、中近距离的投篮，内线穿梭的小球处理远为润滑。韦德飒沓如流星，勒布朗弓开如满月。这一弓一箭，在 2010 年圣诞节遇到真正的猎物：圣诞之战——迈阿密热火 VS 上赛季冠军洛杉矶湖人。

韦德和科比的对决是上半场的主调：一开场，他们俩就神色凝重双目如火地开始对决，进退攻拒，不给对方丝毫空隙。科比在防守端咬紧步子，不断伸手干扰韦德的运球，进攻端则不断进入低位，背身攻击韦德。而韦德防守端反其道而行，下盘丝毫不让，进攻端一直在找机会挡拆破科比。于是，当科比背身进攻时，韦德的下盘袭扰让科比总是无法保持稳定的节奏。到第二节，科比放弃了背身进攻。他撤回弧顶，开始用大量横传来调度湖人的进攻。封杀科比后，韦德继续击破湖人的进攻：他不断地在呼叫队友掩护，利用湖人著名的不善防挡拆的毛病，晃过科比，突破内线，吸引协防，搅乱湖人防守。而勒布朗承接了这一切：他像是个指挥官，在弧顶做大范围转移，寻找湖人收缩露出的破绽，自己进行远射或一对一进攻。

这就是斯台普斯球馆的洛杉矶球迷所见的一切：韦德突阵，湖人防守混乱；勒布朗居高临下，运筹帷幄发令各处；波什得令，完成最后得分任务。而阿罗约、"大Z"（扎伊德鲁纳斯·伊尔戈斯卡斯）、查尔莫斯们的跳投得分，都是拜韦德的突破牵制、湖人弱侧收缩太大所赐。第一节，热火20比14领先，之后稳稳控制局面，96比80取胜。

韦德防到科比16投6中得17分，自己17投6中得18分。波什乘虚而入，高效的17投11中得24分，还有13个篮板，而勒布朗控制局势，27分、11个篮板、10次助攻，三分球是惊人的6投5中，拿下三双。

对迈阿密来说，这像是一场成人礼。早在2010年夏"三星"会聚时就抱有的野心，在这一夜付诸实际了：三个天才各展所能，让联盟感受到星球大战的威力。

进入2011年后，热火的状态继续攀升。勒布朗和韦德并列2010年12月东部最佳球员。仿佛为了庆祝这个奖，2011年1月3日，勒布朗在夏洛特轰下38分，韦德补上31分。1月9日，热火做客主场八连胜的波特兰。拉马库斯·阿尔德里奇表现神勇，比赛剩2分13秒时，开拓者89比82领先，大局似乎已定，开拓者球迷的嘘声雨水般浇落在勒布朗头顶。于是勒布朗和韦德开始接管比赛：他俩让热火在最后两分钟得到11分，93平逼入加时。加时赛，勒布朗又两记超级三分球，让波特兰主场瞬间静寂。热火107比100取胜，过去22场里赢了21场——只有12月20日输给达拉斯小牛而已——勒布朗44分，韦德34分。这一晚热火角色球员集体暗哑：阿罗约2分、琼斯5分、查尔莫斯2分、朱万·霍华德2分。但没关系，有两个巨星，以及波什的18分，他们还是能赢球。

2011年2月24日，热火做客芝加哥公牛。勒布朗29分、10个篮板、5次助攻，韦德34分、8个篮板，但公牛的防守逼迫热火队其他人加起来34投8中，只得25分，尤其是波什18投仅1中。公牛那边，正被芝加哥媒体捧为常规赛MVP热门的德里克·罗斯26分，罗尔·邓20分、10个篮板，公牛全队山呼海啸地抓下53个篮板球，而热火仅有39个。

"我们需要其他人也融入！"迈阿密媒体叫嚷着。

2010年，圣诞之战，迈阿密热火 VS 上届冠军洛杉矶湖人，韦德防到科比16投6中得17分

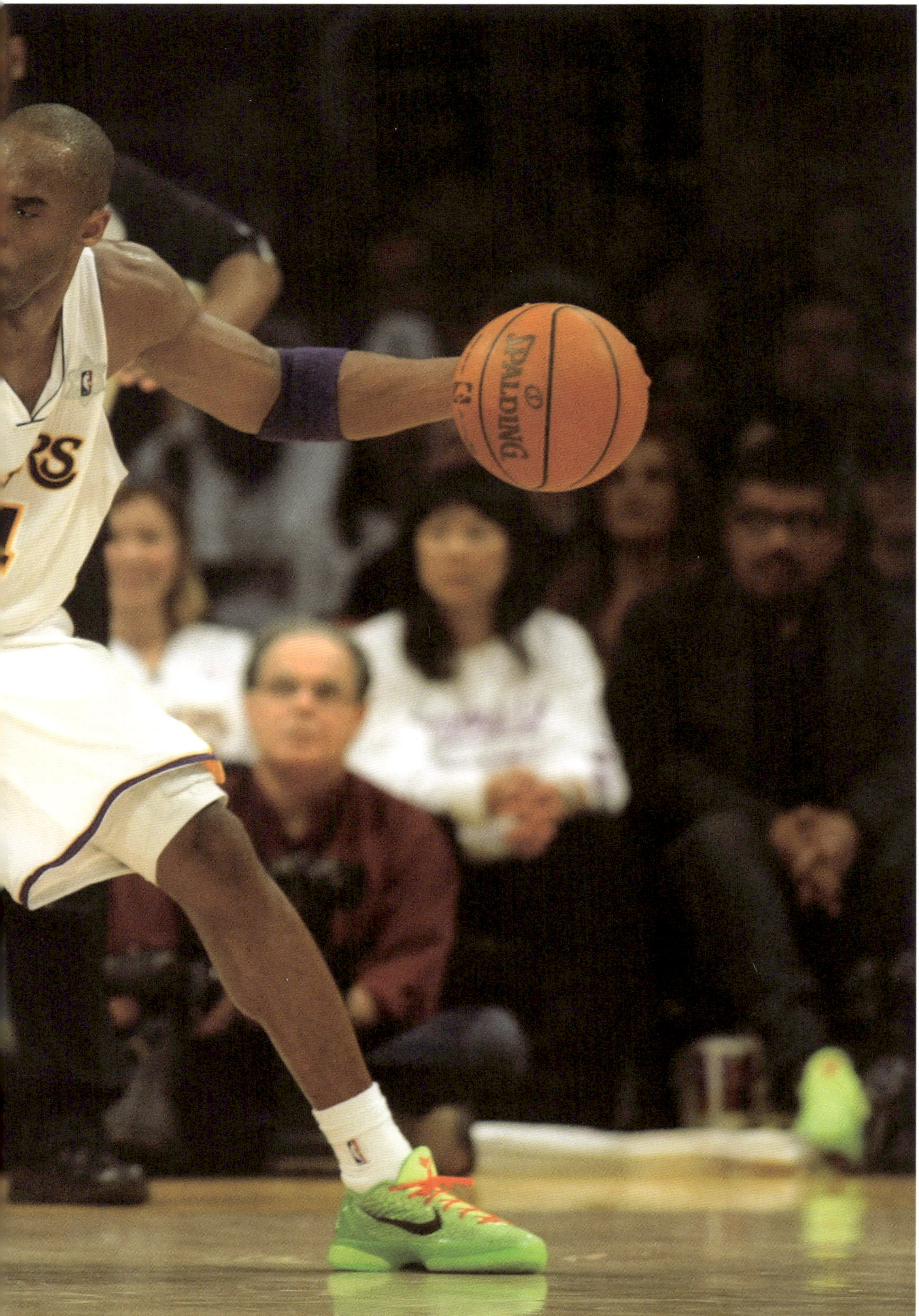
SPALDING

之后，当热火主场败给开拓者落到五连败之夜，勒布朗 31 分、韦德 38 分，角色球员们茫然不知所措。勒布朗赛后如是说：

"该怎么解释？我们没法解释。"

2011 年 3 月 10 日，低谷中的热火又击倒了湖人。就在赛前热身时，波什发了疯一样狂跑、扣篮，然后对所有人大吼："来呀！今晚我们就得这么干！"

比赛并不复杂：上半场，热火队挟着波什带起的火焰，猛冲前场篮板，抓到 12 个，而湖人后场篮板仅 11 个；半场下来，湖人的加索尔+拜纳姆双塔仅 4 个篮板。下半场，拜纳姆复活了，半场抢下 11 个篮板。但韦德跟死科比。湖人进攻乏力，下半场变成防守大战。直到最后两分钟，韦德抢断球送给勒布朗快攻扣篮，热火取得关键领先，最后 94 比 88 取胜。这一晚，勒布朗和韦德合计 40 投仅 16 中，但勒布朗 9 次助攻，韦德 4 次抢断，而热火首席得分手是 24 分的波什。

这一晚，热火的改变显而易见。波什得到了大把的单打机会，相对应的，勒布朗和韦德的持球减少，而且针对他们俩的挡拆并不多，基本上他们俩都是在一对一单挑对手。热火的内线们，除了"大 Z"和波什，基本留在原地，看他们俩单打、吸引包夹，然后他们好接球上篮。热火队至少表现出："我们希望给队友们多一点表现机会，而不是看两大王牌独舞。"

击败湖人、结束五连败后，热火开始试验新套路。他们从"勒布朗弓+韦德箭+余者摇旗呐喊"，进入了"三叉戟"状态：多给波什单打球权；多打小个儿阵容以便"三巨头"起速攻击；3 月下半旬把迈克·毕比推上首发，分担勒布朗的持球组织压力。结果，对灰熊，韦德 28 分、波什 18 分、勒布朗 27 分；对马刺，韦德 29 分，勒布朗 21 分、8 次助攻，波什 30 分。3 月 27 日对火箭，勒布朗 33 分、10 个篮板、7 次助攻，韦德 30 分、11 个篮板、5 次助攻，波什 31 分、12 个篮板——三个人得分 30+，且都有 10 个篮板。1961 年 2 月以来，NBA 首次发生这种事儿。

"难以置信。"勒布朗说。

"所以我们才赚大钱嘛。"韦德笑笑。

"我们聚在一起时，谈过许多事，其中之一就是创造历史。"波什说。

热火在2010—2011赛季常规赛最后18场里赢下了15场，58胜24负结束了"三巨头"聚合的首赛季常规赛。勒布朗常规赛79场场均26.7分、7.5个篮板、7.5次助攻、1.6个抢断，命中率51%；韦德则是76场场均25.5分、6.4个篮板、4.6次助攻、1.5次抢断、1.1个封盖；波什场均18.7分、8.3个篮板。

而芝加哥公牛的三年级后卫德里克·罗斯率领公牛夺得东部常规赛第一，于是成为史上最年轻的常规赛MVP。

当然，迈阿密这三位很明白：他们要的是总冠军。

2011年季后赛首轮，东部第二迈阿密热火VS东部第七费城76人。全联盟最华彩最依赖明星的球队VS全联盟最草根最依赖板凳的球队。76人的主将安德雷·伊哥达拉可能是这个星球上最好的小前锋防守专家。他们确实给了热火一个下马威：季后赛首战第一节，76人31比19领先热火。

可惜，到此为止了。

热火第二节还以35比18，取回比赛主动，此后再未失势。76人的第六人泰德斯·杨生龙活虎的20分、11个篮板，尤其是8个前场篮板，他们也的确防到勒布朗14投仅4中，但热火三大王牌还是靠个人能力拼到了33次罚球——而76人全队只有15次。热火97比89取胜第一场，韦德最后一分半得到5分，扑灭了费城最后的反击。

赛后，韦德如此总结：

"唯一有意义的数据，就是我们1比0领先了。"

两天后，比分变成了2比0。热火上半场就49比31领先18分，了无悬念，勒布朗29分、7个篮板、6次助攻，赛后他还来得及为11投4中的韦德辩护："他控制了比赛，他总是被双人包夹，然后分出球来。有他

2011年3月27日对火箭，勒布朗、韦德、波什三个人得分30+，且都有10个篮板。1961年2月以来，NBA首次发生这种事儿

2011年3月27日，热火125比119击败火箭，勒布朗、韦德、波什三个人均得分30+

在场上真好。"又三天后,勒布朗 24 分、15 个篮板、6 次助攻,韦德则没辜负勒布朗的辩护,32 分、10 个篮板、8 次助攻,剩 52 秒时漂亮的后转身骗到犯规,两罚锁定胜局。热火 3 比 0 领先。第四场,76 人反攻,86 比 82 取回一城,但第五场前,勒布朗打了个比方:

"我们在准备午饭了。"

热火 97 比 91 取胜,韦德 26 分,波什 22 分、11 个篮板,勒布朗 16 分、10 个篮板、8 次助攻。热火 4 比 1 淘汰 76 人。

第二轮,韦德与勒布朗又一次遇到了宿命的对手:过去一年,先后淘汰过韦德与勒布朗的波士顿凯尔特人。这是 2008 年之后,勒布朗四年里第三年在东部半决赛遇到凯尔特人。说他是被凯尔特人逼到迈阿密来,也不为过:2010 年决战凯尔特人前,他方当鼎盛——两度常规赛 MVP,俨然联盟顶级地位,只需要一个总冠军就可以一统天下。可是败给凯尔特人后,凯文·加内特那句"忠诚有时会伤害你",让勒布朗的命运改变。他全国直播了"决定",挂起克里夫兰的 23 号球衣,成为迈阿密的 6 号。

凯尔特人和迈阿密都有"三巨头",但球队结构截然不同。凯尔特人是全联盟防守最老辣、跑位最圆熟、最依赖掩护、默契、传递和跳投的球队;而热火则依赖巨星们——勒布朗+韦德+波什的个人能力,以及大批射手群。这是老辣团队 VS 年轻个人能力的角逐。实际上,2008—2010 这三年,凯尔特人两进总决赛。他们已代替 2003—2007 年的活塞,成为东部的"看门老大爷":若想争鼎,过我这关。

然后,热火非常顺利地以 2 比 0 领先。

第一场,韦德 21 投 14 中得 38 分,凯尔特人与去年一样,完全防不住他。勒布朗 22 分,波什 10 投仅 3 中得 7 分,但抢了 12 个篮板,射手詹姆斯·琼斯出奇制胜,28 分钟内三分 7 投 5 中得 25 分。而凯尔特人雷·阿伦 13 投 9 中得 25 分、皮尔斯 19 分,终究敌不过热火队"双拳"。第二场,韦德 28 分,勒布朗 25 投 14 中得 35 分,还有 7 次助攻。热火 102 比 91 再胜一局。

——热火是怎么做到的？

有四个球，可以完美描述前两场凯尔特人的困境。第一场第二节，韦德左翼突破雷·阿伦，底线上篮得到热火队第 41 分；第二场，韦德突破跑投得到热火队第 58 分，随后，勒布朗左翼运球摆脱三分球得到热火队 61 分；下一回合，勒布朗接波什传球，与上一球几乎同一位置，三分远射，得到热火队第 64 分。

此前，勒布朗每次遭遇凯尔特人，总是受制于波士顿的补防。常规赛凯尔特人对热火前三场，韦德大量做无球跑动，找中远投机会，而勒布朗则主打持球指挥大局。结果就是勒布朗数据好看但失误不少，韦德表现黯淡。但自 2011 年 3 月后，斯波尔斯特拉教练决定：勒布朗和韦德不再是一弓一箭，一主帅一先锋的关系了，他们俩是迈阿密左右开弓的双拳。加上波什的单打，热火的进攻点散开后，凯尔特人就很麻烦了。

比如，第一场韦德每次单挑雷·阿伦，凯尔特人招牌的强侧施压合围都没施展。他们的内线群得盯着弱侧，勒布朗正通过乔·安东尼和詹姆斯·琼斯的掩护，从弱侧往篮下走，事实证明这只是虚晃一枪，但他确实敲山震虎，牵制了凯尔特人，让韦德可以一对一对付阿伦。同理，第二场勒布朗左翼连续命中三分球之前，凯尔特人的注意力都在强侧韦德的运球突破上。左刀右剑，互为犄角。这就是他们的可怕之处。

当然有些插曲：第一场，皮尔斯两次技术犯规被罚下后，里弗斯抱怨了裁判偏向迈阿密。第二场，勒布朗在下半场得到全场 35 分中的 24 分、带领热火完成 2 比 0 后，谨慎地回答："感觉不错，但系列赛还远没结束呢。"

他说对了。绿衣老将们回到波士顿花园，立刻枯木生春。第三场，凯尔特人落后 2 分进入下半场，此后凯文·加内特手感如神，凯尔特人一波反击，60 比 50 领先热火，随后比赛变生波折：凯尔特人王牌后卫拉简·朗多和韦德对抗中受伤，左臂脱臼，离开球场——然后，第四节，他又回来了，左臂几乎固定在身旁，只靠一只右手，两条腿。你可以想象他经历了

与凯尔特人的第一场比赛，韦德 21 投 14 中得 38 分，凯尔特人根本防不住他

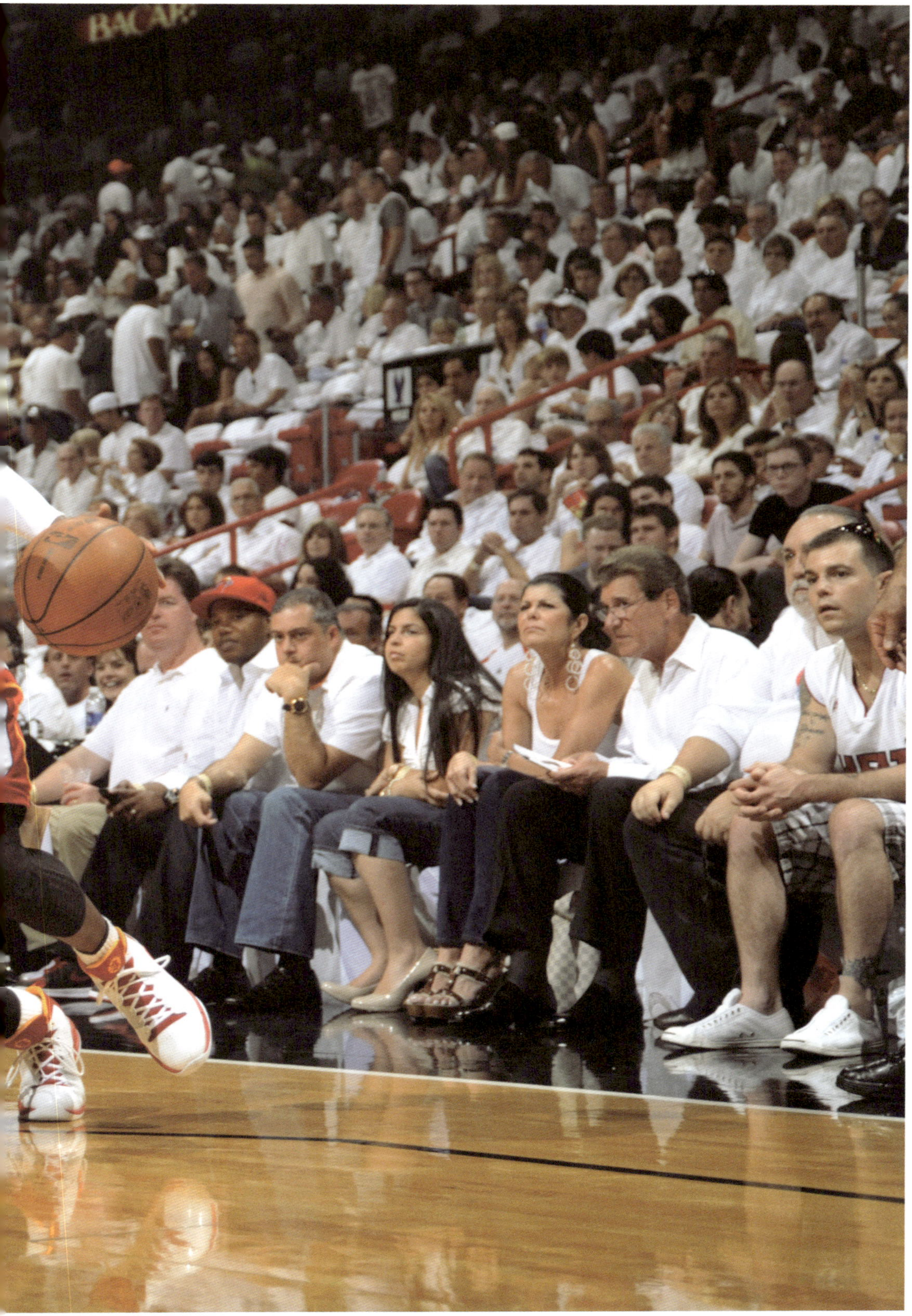

如何毛骨悚然的疼痛，但他不想输。斯波厄斯特拉教练服气了：

"我们完全明白，干掉一个冠军多么困难。你知道凯尔特人是个多么骄傲的团队，他们会给出怎样的回答。"

朗多用一只右手，引领凯尔特人完成第四节反击。97比81，凯尔特人扳回一城，1比2。韦德和勒布朗合计只得38分，对面则是皮尔斯的27分、加内特的28分以及朗多的11次助攻和6分，其中4分来自第四节：那时他已成了独臂侠。

"我没必要得太多分。我只需要指挥。"朗多说，"用好你的嘴，还有你的腿。"

第四场，朗多依然带伤出阵，但冠军的尊严让他们坚韧不屈。韦斯特和雷·阿伦各一记三分后，凯尔特人在比赛还剩2分28秒时84比81领先。勒布朗一记三分球追平比分，再一记左手上篮，剩48秒时热火以86比84领先。皮尔斯上篮再追到86平。双方错进错出，比赛进入加时。加时赛，凯尔特人的老态终于显露，6投仅1中，4次失误。而热火则靠勒布朗跳投、波什扣篮、韦德跳投，一口气领先到92比86。大局已定。勒布朗和韦德互相击掌：他们俩分别得了35分和28分，加上波什的20分，"三巨头"合计劈落83分。热火其他角色球员合计只得15分，但够了，热火98比90击败凯尔特人。3比1。

"我们三个人是众矢之的，我们三个人常被谈论。"韦德说，所以他明白，"这支球队走多远，就看我们承担多少。"

勒布朗大口呼吸着，像是终于破解了一个魔咒：

"我在波士顿花园一直不那么成功。我们给自己施压，不管结果如何，一定要闯过去。"

闯过去了。热火以3比1领先凯尔特人了。然后是两天后的4比1。

第五场比赛剩5分钟不到，凯尔特人87比81领先。韦德已经独得34分，竭尽所能了。热火在寻找最后一点反击的火种，他们找到了：詹姆斯·琼斯一记三分，然后是波什突破扣篮扳平比分，87比87。

然后，勒布朗站了出来：两记三分球，两记突破上篮，连得 10 分。热火完成逆转，凯尔特人打光了所有子弹后倒下了。97 比 87，热火队取下第五战，4 比 1 淘汰了凯尔特人。

勒布朗跪倒在地——他最后连得 10 分，全场 33 分，亲手埋葬了宿命对手凯尔特人——似乎根本没注意周围拍摄的记者。后来他如此描述：

"那瞬间，一切都在我脑海闪现。我终于跨越了这支队伍。我那年夏天经历的一切，我做了'决定'，然后决定成为这支球队的一部分……因为我知道球队在体育运动里是多么重要……这一切都涌上心头。如果要我把那一刻我所想的都描述一遍，我能说上两个小时……我很高兴，我们终于作为一支球队，穿越过这一切了。"

对韦德而言，很简单：他与勒布朗，一起报了去年的一箭之仇——他们击倒了东部最大的对手了。

东部决赛，东部常规赛第二迈阿密热火 VS 东部常规赛第一芝加哥公牛。

2010—2011 赛季常规赛的公牛，常规赛 62 胜，防守联盟第一，篮板球联盟第一。他们拥有乔金·诺阿这机械战警似的防守中轴，有卡洛斯·布泽这阿拉斯加白熊般的内线篮板机器，有塔什·吉布森和阿西克这样出色的防守拼图，有东部最好的小前锋之一罗尔·邓，以及德里克·罗斯——可能是勒布朗和韦德之外，联盟最好的突破攻击手——和年度主教练汤姆·锡伯度。

东部决赛首战，公牛 103 比 82 击败热火。对热火来说，这场唯一的好消息是：2010 年 11 月开始受伤缺阵的哈斯勒姆，时隔半年后终于复出，但只打了 4 分钟。韦德 18 分，勒布朗 15 分，波什射落 30 分，但无济于事。罗斯独得 28 分，诺阿 14 个篮板，邓 21 分。热火全队抓了 33 个篮板，而公牛 45 个。赛后，罗斯在芝加哥球迷山呼海啸地嘲弄"热火队被高估啦"的喊声中，对媒体如是说：

"我们不担心球队没明星。我们只是努力打球，打出锋芒，打得够积极。"勒布朗则认为，问题在于热火的防守："公牛这里一个上篮，那里一个

2011年5月11日，NBA季后赛热火对阵凯尔特人第五场比赛中，凯尔特人队的雷·阿伦在韦德身边扣篮。最终，凯尔特人1比4不敌热火被淘汰

AmericanAirlines Arena
AmericanAirlines Arena
ALLEN
20
BOSH
BASKE
ASKETBALL
ETBALL
BACARDI
HEAT
50
CELTICS
11
the NBA

三分球……我们需要想办法解决防守。"

第二场,热火想出了解决之道:他们用积极的轮转解决了公牛。公牛全场趁热火的大量轮转偷到 17 个前场篮板,但无法转化为得分,他们被热火干扰掉了无数上篮,布泽在热火的围剿浪潮中显得笨重缓慢,比赛最后 16 分钟根本没打。罗斯 23 投仅 7 中得 21 分,公牛全队命中率只有 34%。最后一节,公牛被防到只得 10 分。第四节,公牛一度追到 73 平,但勒布朗一记三分球让热火 76 比 73 领先,剩 47 秒时一记 20 尺中投,让热火 84 比 75 领先,斩断公牛追分的希望。全场比赛,韦德 24 分、9 个篮板,勒布朗 29 分、10 个篮板——又一次,他们俩合计 53 分,而其他队友只得 32 分,但热火还是能赢球。这像是对罗斯的回答:

明星就是能不讲道理地赢球。

第三场的结果,继续证明着迈阿密明星多的益处。公牛堵塞外围,逼迫韦德 17 投 6 中、勒布朗 13 投 6 中,两人合计只得 39 分。但波什获得了无数拉开一对一的机会,招牌的试探步后中投随心所欲,全场 18 投 13 中,独得 34 分。公牛那边,布泽还以中投以及若干内切得分,26 分、17 个篮板,但于事无补。热火 96 比 85 取胜,大势 2 比 1 领先。罗斯赛后只能摇头:

"真让人沮丧。他们总能想到法子赢球。"

第四场,公牛变换策略:诺阿贴防波什,博甘斯继续对付韦德,罗尼·布鲁尔死缠勒布朗——双方惨烈的肉搏。

第四场第一节,勒布朗和韦德一度加起来 11 投 2 中,靠罚球把分数挽住。上半场公牛一度打出 19 比 4,但热火还以一个 29 比 9。双方一路纠缠,第四节初,勒布朗提速,助攻米勒三分;不断给波什传球,让他单打牵制公牛;自己则不断强行突破。

然后,韦德与勒布朗开始联手给罗斯上课。

比赛剩 28 秒时,勒布朗逼到罗斯投篮失手。比赛最后 8 秒,勒布朗防住罗斯,逼 MVP 跳投不中,双方 85 平进入加时。加时赛,韦德送出两记扭转比赛局势的封盖,而勒布朗继续封杀罗斯。热火加时稳稳取胜,101

比93击败公牛，3比1。

　　罗斯23分，但27投仅8中，7次失误，4次被盖。勒布朗26投11中得35分，但有2次抢断、2个封盖；韦德16投仅5中得14分，但有2次抢断、4个封盖。这场胜局，第一百万次证明了明星能力的重要。韦德进攻手感不顺时依然能决定比赛，他是热火队防守端的万金油勤杂工，负责一切：轮转、封盖、外围对位、后场板。

　　罗斯赛后并不甘心："还没结束呢。"

　　但下一场，结束了。第五场在芝加哥，公牛第三节结束时还62比57领先5分，比赛还剩3分钟时公牛77比65领先。但韦德忽然苏醒，开始统治比赛：

　　跑投、上篮，加上勒布朗一记三分球，比赛剩2分7秒时热火只以72比77落后5分。罗斯还以一个后转身上篮，但韦德一记匪夷所思的三分球加罚球打四分再度缩小分差。罗斯投失，勒布朗再一记三分球。两分钟内，热火已经抹平了12分的差距。芝加哥联合中心鸦雀无声。勒布朗再一记中投命中，热火81比79反超。此后是罗斯罚中一球、波什两记罚球、勒布朗最后时刻盖掉罗斯的三分——热火83比80取胜，4比1淘汰公牛，晋级总决赛。

　　这次逆转如此神奇，连韦德自己都发呆："我们都不知道发生了什么。我不说谎。"他即将打人生第二度总决赛。

　　对勒布朗来说，亦然："我想和一些不会关键时刻猝死的人组队。韦德过来告诉我，这是有可能的，于是我们就组成了这支队伍。"

2011年5月24日，第四场比赛，勒布朗和韦德联合防守罗斯，本场罗斯23分，但27投仅8中，7次失误，4次被盖，芝加哥公牛93比101不敌迈阿密热火

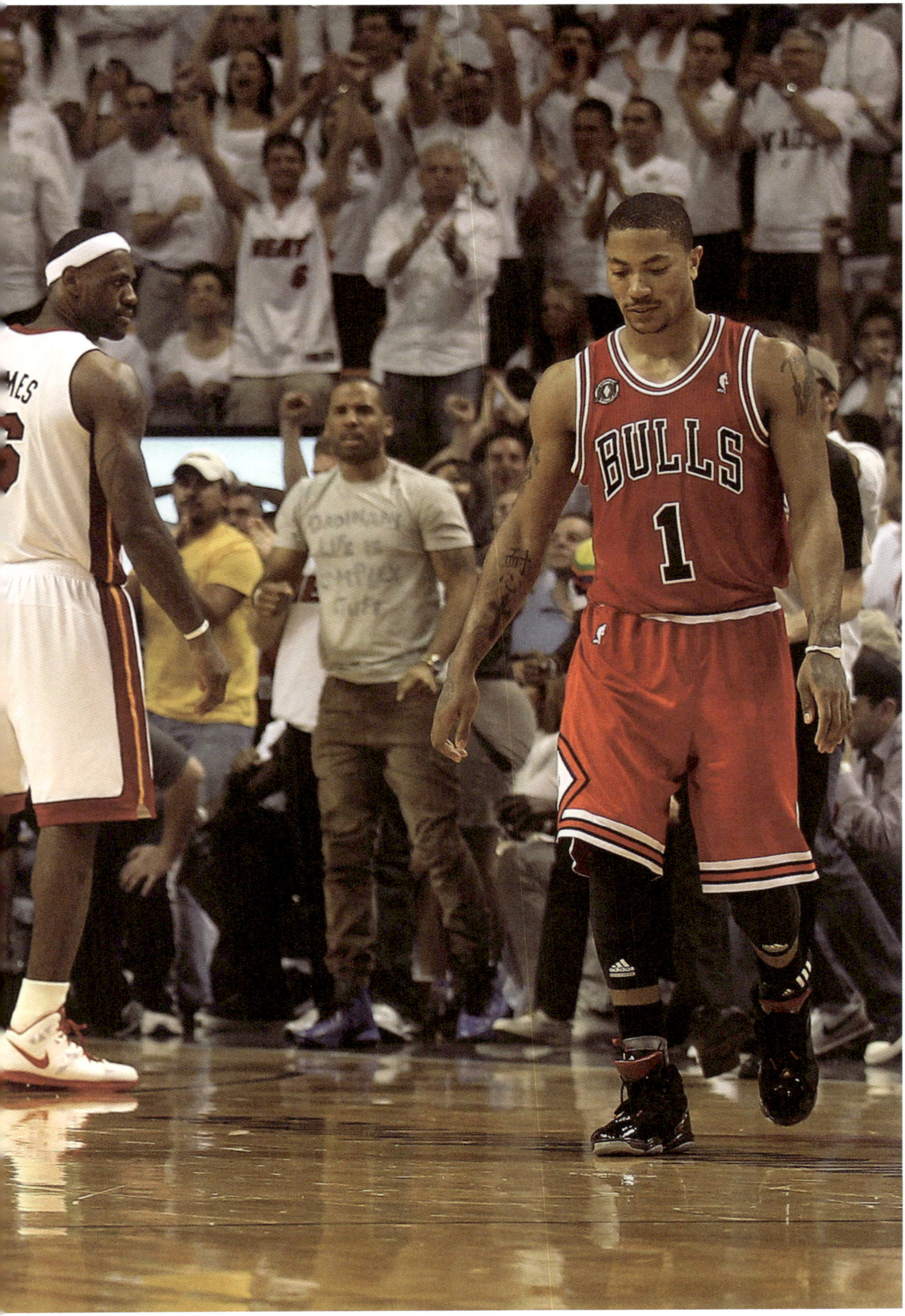
BULLS
1

09

宿命的轮回

2011年总决赛，时隔五年之后，迈阿密热火重新遇到了达拉斯小牛。韦德重新遇到了德克·诺维茨基。

五年了，德克·诺维茨基、韦德、哈斯勒姆、特里又遇到一起了。加上丹皮尔，2006年总决赛时对掐的诸位，就剩这五位还在各自队中。

2006年总决赛，小牛曾2比0领先热火，第三场最后半节小牛还领先。那是德克的人生巅峰。然后众所周知，韦德席卷了一切。自那之后，德克开始苦熬。2007年被"黑八"之后常规赛MVP都为之失色，2007—2008赛季前半段状态跌到谷底。之后，基德到来，德克从30岁开始重新奋斗。五年了，快满33岁时，他终于又熬回了巅峰——身边除了特里，人都换过一遍了。

另一边，韦德2006年拿了总冠军，后续生活也不太幸福。"鲨鱼"受伤，众心离散，莱利归隐，扔给他一支乱七八糟的队伍。他自己重伤，奋起，拿到得分王，重归巅峰，但是连续第一轮孤军奋战被扫。终于2010年熬到两位2003届好哥们来助阵，于是重归总决赛。

德克与韦德这两个爷们，五年来的辛酸史，各自可以编本励志小说了。

热火队当家的是三位2003届的明星，小牛这里除了快33岁的德克，还有38岁的基德，33岁的特里、马里昂和斯托贾科维奇，31岁的海伍德，30岁的史蒂文森们。年龄本身，就足以概括两队的风格差距。热火有一个能够支援进攻端的明星前锋（波什），一群防守拼命、负责把握定点投篮的角色球员，加上两个随时可以统治攻防两端，联手逆转局势的巨星，是天赋型篮球的极点。而小牛这边，除了德克今年季后赛横扫西部略无敌手，剩下就是一大批射手，一个串联起这一切的老指挥官，外加联盟顶尖的三分群、跑位和战术布置。

巨星天赋 VS 老辣意识，各臻巅峰的一次对决。

总决赛开始前，ESPN 的专家们普遍倾向热火队夺冠，但 ESPN 和 YAHOO 体育的网络票选，选小牛赢的多。用名记者萨姆·史密斯的话说："NBA 需要明星，但也需要动人的故事。"

在大众眼里，热火的组队方式是天才们"把天赋带去南海岸"扎堆；小牛则是一帮老头子从逆境里熬出来。就在 2010 年夏，勒布朗"把我的天赋带去南海岸"时，德克·诺维茨基选择续约小牛，并说了这么段动人的话：

"我想好好衡量下我的选择，但实在没什么可做。这（达拉斯）是我所在处，这是我想留的地方。真的。这里是我的心所在之处。所以，答案对我来说很简单……穿上其他球队的球衣感觉很不对劲。这里的球迷，这里的所有人，过去十二年里，都看到了我的忠诚。去其他球队会显得像逃跑，从某个角度看。所以我留在这里做长跑，追求我的目标。"

但是，在总决赛的前 90 分钟，这份忠诚似乎没感动上天……

总决赛第一场打得颇为生涩。双方快攻合计 19 分，命中率小牛 37% 对热火 39%。用小牛前锋肖恩·马里昂的说法："对方命中率 39% 只得 92 分，这样的比赛我们通常该赢下才是！"小牛让马里昂去对老队友韦德，拿史蒂文森去对位勒布朗。而热火则用乔尔·安东尼死贴诺维茨基，让他远距离背身后转不到面筐。双方的防守，初期都很有效：勒布朗阵地战突不进，韦德挨了马里昂一帽，德克被围得七倒八歪。就波什最高兴：空切、中投，随心所欲。等勒布朗完成了一记得分加罚，让热火 11 比 5 领先后，小牛立刻暂停。然后小牛派上特里，和德克玩起了高位挡拆。小牛还以一

2011年5月31日,总决赛的第一场比赛中,韦德在基德的防守下投篮

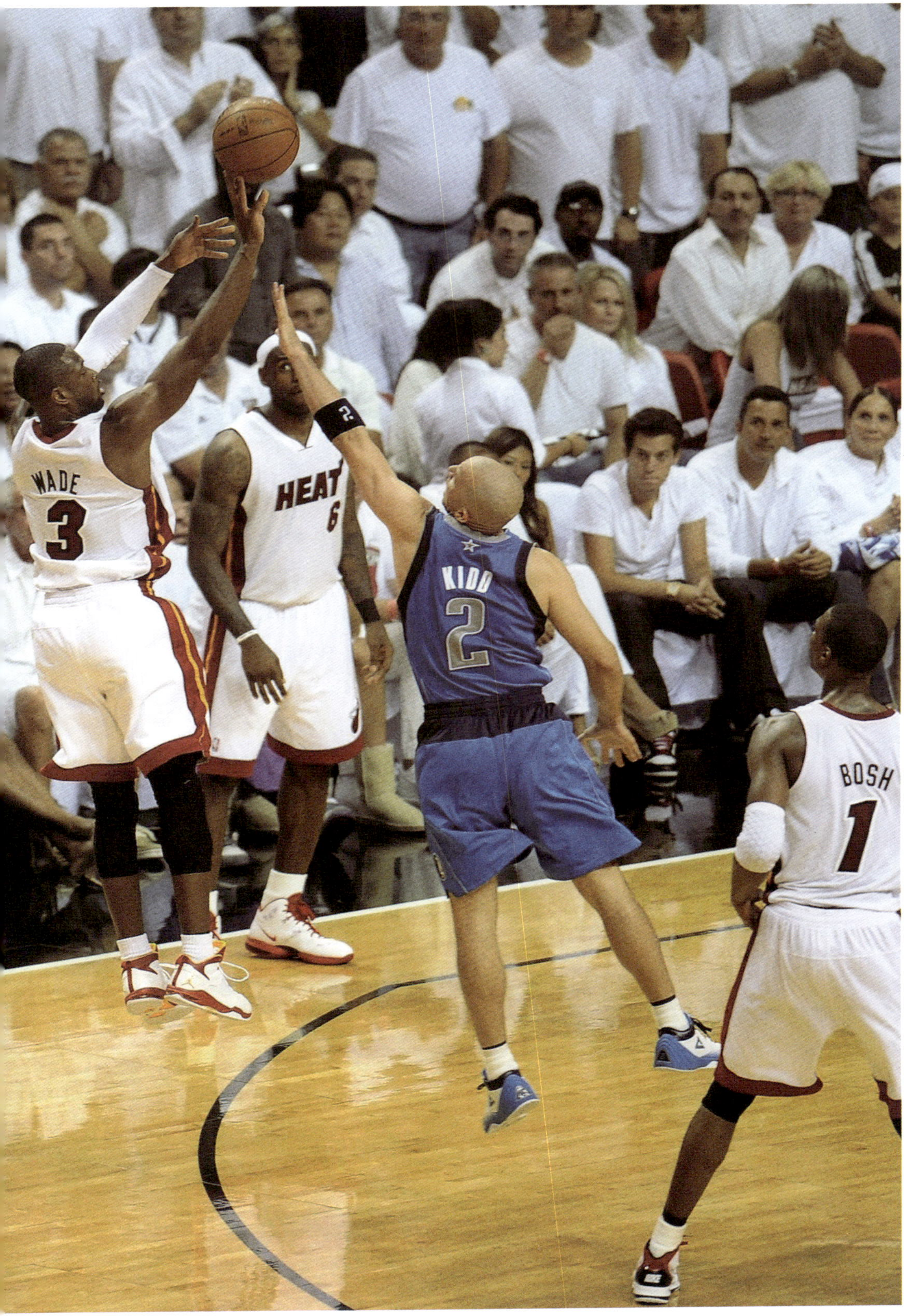
WADE
3
HEAT
6
KIDD
2
BOSH
1

波 12 比 5，17 比 16 结束第一节。

但从第一节末，热火就发现了小牛的破绽：大量换防，甚至派 J.J. 巴里亚一个 178 厘米的小个子，对位橄榄球超级外接手身段的勒布朗，简直是跨运动的对抗。热火队第二节集中轰前场篮板，一路领先。第二节末，小牛再醒，摆出联防收缩，以限制钻进心脏的韦德。热火队几个三分失手后，勒布朗只能靠空切摆脱马里昂得分。反过来小牛起势：诺维茨基连续跳投，基德连续找到钱德勒，小牛再起势轰开。半场结束，小牛 44 比 43 领先。

第三节，热火并未脱胎换骨，开局还一度被小牛领先到 8 分。波什上半场风头太盛，海伍德和钱德勒开始"照顾"他；勒布朗持球打很累，韦德亦然。但热火做了调整：用灵活矮壮的哈斯勒姆去缠诺维茨基，辅以包夹；用韦德去防基德，限制他的出球。热火队下半场的轮转明显加大，封三分线很认真。这一路拼得惨烈，哈斯勒姆很快就 5 次犯规，米勒和勒布朗 4 次犯规——然后终于熬出转机。第三节末尾，被马里昂前逼后挠全身痒又找不到不求人的勒布朗暴怒了，一记三分球反超，然后一记无视高位双掩护的斜走 + 强行后仰 + 飘移 + 压哨三分球。

热火队趁着勒布朗这股杀气，一口气扭转，领先 4 分进入第四节。然后在第四节中，一口气领先小牛 9 分，打停，还剩给小牛 3 分钟。比赛到这会儿，其实差不多也就结束了。热火 92 比 84 先取第一阵，总决赛 1 比 0 领先。

两队第一场的表现，都足够坚韧。双方都没乱阵脚。双方都露过破绽。小牛偶尔起势，靠的还是老辣的转移球 + 三分；而热火那两波势，还是勒布朗和韦德俩人的逆天个人能力。诺维茨基独得 27 分，马里昂 16 分、10 个篮板。而热火这边：韦德 22 分、10 个篮板、6 次助攻，勒布朗 24 分、9 个篮板、5 次助攻，包括三分球 5 投 4 中，波什则有 19 分、9 个篮板。

也就是在这一场，韦德再度现出了 2006 年总决赛斩首小牛的杀气。第四节，韦德发现小牛用特里防守他，于是果断一记中投；韦德发现小牛用基德防守他，于是果断一记中投。韦德回身给马里昂一记封盖，再回身一记三分球，让热火领先 9 分锁定大局——这一波进攻，是热火真正的夺命势。很多年前，加里·佩顿总结：

"韦德一点也不仁慈。他不留俘虏，直接斩首。"

他的戾气和杀气，不输于当世任何一人。他只是足够耐心，能等到那个时候而已。

第二场前 42 分钟，形势依然倒向迈阿密。热火第一节的战略是韦德强袭一侧，勒布朗外围组织接应，毕比右翼 45 度角投三分。勒布朗首节威风凛凛，一记三分反超，一记补扣得手后仰天怒吼，一记节尾三分。

小牛第一场败北后也是吃一堑长一智，注意保护后场篮板，但外围就放空了。幸而第二节查尔莫斯三分球有一搭没一搭。反过来史蒂文森、马里昂、特里都还争气。第二节连续把握住了机会。加上热火队很谦虚地把罚球捐掉了，所以，虽然诺维茨基遭遇围堵，小牛还是能稳住分数。第二节末，热火遭遇危机：勒布朗第 3 次犯规后被换下场，热火开始凌乱。韦德追身上篮被钱德勒干扰未中，而且没得到犯规，大怒，朝裁判抗议，基德另一边助攻得分，小牛 51 比 42 领先 9 分。

但也就是这逆境，把韦德的怒气激出来了。

韦德在第二节末接管比赛，连续逼小牛犯规，罚中球，面对基德干脆的三分球，第二节最后一分钟，个人独得 5 分。上半场 13 投 9 中得 21 分。韦德引领的这波高潮，延续到了下半场开始。韦德助攻勒布朗一次快攻，再自己上篮，拉开比分。小牛再用联防，但热火已经聪明了。左路发动进攻，快速朝右底角和 45 度转移，老将毕比连续三分得手。小牛靠特里和诺维茨基支撑，但势头已在热火那边了。第四节中段，韦德又一记三分得手后，热火 88 比 73 领先 15 分。

当时的局势，热火这边，韦德三节半已经得到了壮丽的 36 分，勒布朗高效率的 11 投 8 中得到 18 分。而另一边，小牛几乎体无完肤。

那时节看去，迈阿密大局已定了：领先 15 分，还有半节比赛。只要稳稳控制到底，他们就能获得总决赛 2 比 0 的领先，离总冠军近在咫尺。韦德三分得手后，勒布朗欣喜若狂，与韦德并肩雀跃欢闹，为这场即将到来的

DWYANE WADE：THE WAY OF FLASH   侠道　韦德传

总决赛第一场，小牛前锋肖恩·马里昂
防守韦德

第三章 痛失冠军

总决赛第一场上半场，波什风头极盛，空切、中投，随心所欲，到了下半场，小牛开始重点"照顾"他

胜利，已经不远处的总冠军——就在达拉斯的板凳席前。

接下来，他们迎来了一段被历史记住的大逆转：2011年总决赛第二场，最后半节落后15分时，达拉斯小牛开始了不朽的反击。

韦德在第四节过一半时投丢了一记三分，特里反击中投得分，差13分。

查尔莫斯远射失手，基德篮板长传给特里上篮，差11分。

热火暂停。

勒布朗上篮失手，基德篮板刷给特里，两罚全中差9分。

勒布朗组织进攻，最后转移给波什压哨投丢中投，马里昂抓到篮板，马里昂上篮得分，差7分。

勒布朗突破造犯规，罚中，差9分。

热火包夹德克，德克给基德三分，差6分。

勒布朗单打马里昂投丢中投，特里挡拆突破中投，差4分。

热火再暂停。

波什踩出界，小牛挡拆外切，德克中投得手，差2分。

哈斯勒姆投丢，勒布朗漂亮的防守成功。勒布朗持球在弧顶，24秒接近走完，强投三分不中。

韦德抢下前场篮板，波什接力回传勒布朗，勒布朗再次强拔三分不中。哈斯勒姆前板后被断。

德克单打，上篮，90比90平。

热火第三次暂停。

韦德终于接球单打了，但6分钟都没投过球的他已经没了手感。韦德远射不中，德克还一记三分球——高位双掩护后，钱德勒反给他做的掩护。小牛93比90反超。至此，小牛完成17比2的超级逆转。

热火第四次暂停。

勒布朗传球到右底角，查尔莫斯射中一记三分球。

小牛暂停。

德克单打，上篮得手，95比93完成绝杀，前17投6中之后，5投4

中，包揽小牛最后 7 分，以及制胜球。小牛完成大逆转，和热火打成了 1 比 1。

"德克知道会由他来绝杀。"特里说，"他做了他该做的事：完成了关键球。"诺维茨基说得很平淡本分："在这个联盟里，你得一直打球，直到比赛结束。尤其，这是总决赛。你可以落后 20 分，但你得奋斗。你不知道会发生什么，我们只是拼命打球而已。"

小牛队诸将的说法要不一样些。他们强调，热火 88 比 73 领先后，勒布朗和韦德提前的舞蹈惹恼了他们。但勒布朗否认："我们根本没庆祝。我当时为他射中了关键球、我们领先 15 分而激动！"

这一晚，诺维茨基 24 分、11 个篮板而且完成绝杀，马里昂 20 分、8 个篮板，特里 16 分。勒布朗前 11 投 8 中但此后 4 投 0 中，20 分、8 个篮板、4 次助攻、4 次抢断。韦德得到 36 分，但第四节后半段没机会控球。小牛的篮板球有 41 比 30 的优势，但比赛真正的症结，依然是那个不解之谜：

当热火领先 15 分时，发生了什么？

勒布朗负责持球组织为比赛收尾，但热火的进攻却陷入了一片迷惘。韦德杀气四溢的 36 分，好像收走了热火队其他人的思考能力。

赛后，勒布朗说："一对一，没人防得住我！"

总决赛第三场，达拉斯。第一节剩一分钟时，双方还是 22 平。随后勒布朗看准小牛内线只是伊安·马辛尼支撑，开始突击，连投带罚得到 4 分，加上查尔莫斯一记幸运的三分远射，热火瞬间拉开分差。第二节初，马辛尼连续走位不对、错失跳投、对波什犯规，瞬间送火热领先 12 分。随后双方主力归来，韦德独挑小牛，连得 9 分，随后小牛反击。

基德指挥，连着分球找特里和德克。投丢三分后自己捡到，甩三分线外诺维茨基得手，小牛起势，特里、马里昂纷纷踹营。第二节最后时刻，基德抛锦囊妙计，左翼抬手一个三分假动作，韦德起跳来盖，然后发现基德四两拨千斤的一收、一步、一抬手，骗到三分犯规——韦德半场 19 分、6

诺维茨基单打，上篮得手，这一晚，诺维茨基24分、11个篮板而且完成绝杀，总决赛第二场小牛95比93获胜

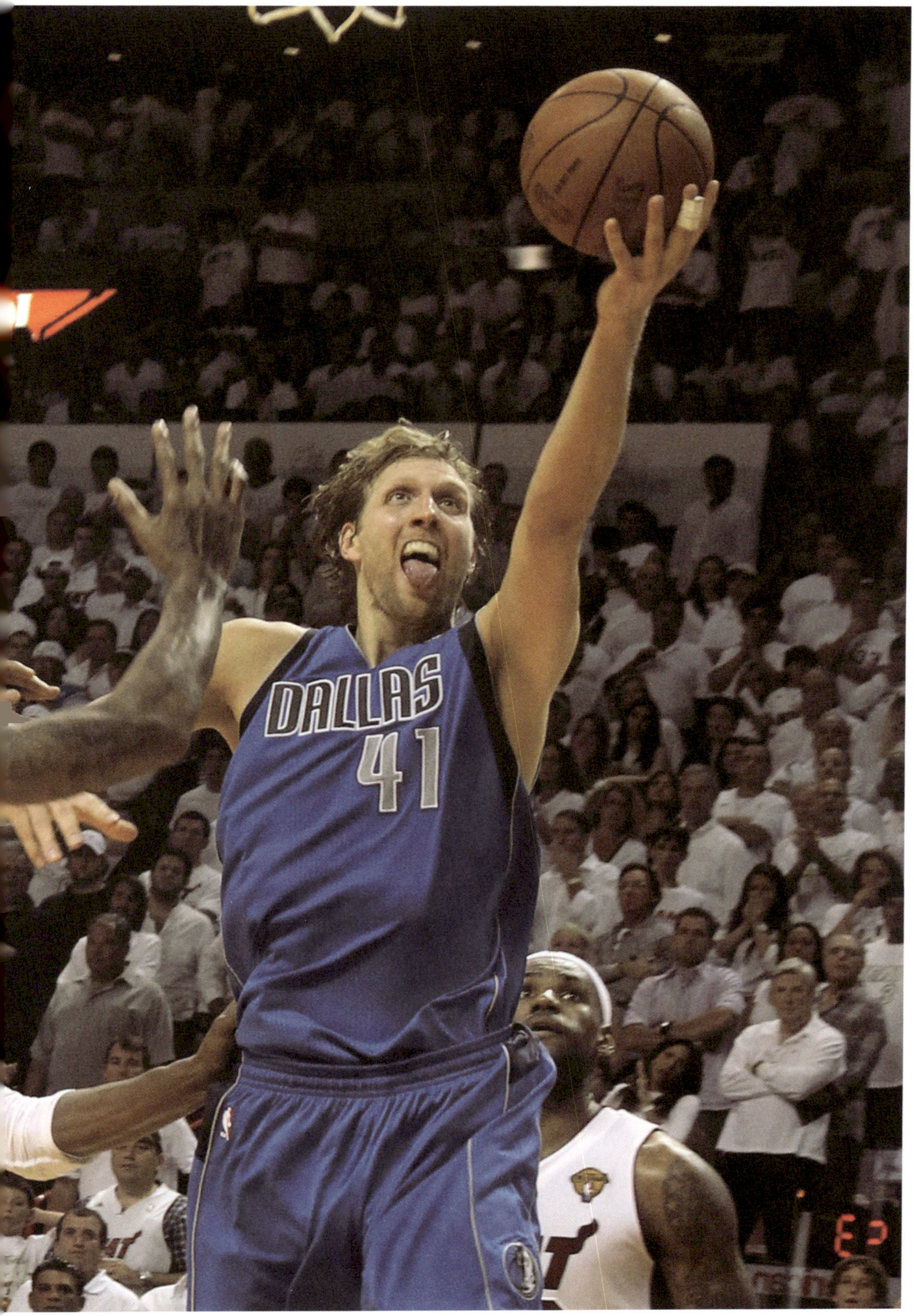
DALLAS
41

个篮板的神勇,热火一度领先14分的差距,被基德带起的进攻阻挡了。半场结束,小牛只落后5分。

倘若热火还是这么套路单调,势必要累死韦德。所以下半场一开始,热火迅速做了调整:先是给波什的空位中投,再是连续两次左右翼强弱边调整后,让安东尼和波什找到抄后门机会,加上韦德助攻勒布朗快攻得分,热火再领先小牛13分。

然后是小牛的第二鼓反击:打回第二场追分用的双内线高位挡拆,基德、诺维茨基二人转+钱德勒的掩护,流水线得分将分差扳到7分。随后诺维茨基开始奋勇单挑,三分球、单打韦德时金鸡独立后仰跳投。钱德勒后场篮板给基德,基德伸手,凌空一指点出个击地球,神鬼莫测地送给马里昂,扣篮扳平比分。

但是,小牛主帅卡莱尔在此时,做了个关乎胜负的决定。

小牛刚起势追平比分,主场气势排山倒海,正待再轰出一波高潮时,诺维茨基却被换下。小牛气势顿敛。勒布朗一记三分,反击中给查尔莫斯一记追身三分。热火重新掌握主动。

然后是小牛的第三鼓反击。比赛的最后半节,就是韦德在和诺维茨基单挑。2006年的两大夙敌,两个铁血男儿,你来我往。韦德突破,韦德三分,德克上篮,德克罚球。德克扳平比分,韦德中投得手,德克在后仰扳平比分,86比86。最后时刻,勒布朗走步,远射被盖后24秒违例一次,但特里短路得比他明显。韦德和德克的发飙掺杂着勒布朗和特里的投丢,双方进入最后一局。热火敲了一个很地道的战术:韦德+勒布朗高位挡拆,这俩人吸引了包夹后分到底角,波什中投得手——88比86,绝杀小牛,热火队2比1领先。

诺维茨基轰下34分、11个篮板,但无力回天。韦德依然是热火队尖刀,29分、11个篮板、3次助攻,勒布朗45分钟得17分,还有3个篮板、9次助攻、2次抢断,波什18分。

只有一个奇妙的细节:第三场战到关键时刻,韦德对勒布朗大声怒吼了几句。我们永远都不知道韦德当时实际吼了什么，也无法知道勒布朗想了什么。但从那之后，勒布朗的情绪明显不一样了。似乎是第三场这种"勒布朗组织、韦德突击"的模式，让他觉得很安全，勒布朗开始执迷于这种套路。第三场下半场，他7分、7次助攻，稳稳驾驭着球队。于是，第四场前，勒布朗说："我不在乎总决赛的数据。"

因为："只要球队还在赢球，我的名声就不会受损。"

似乎读出了勒布朗在想什么，总决赛第四场，小牛设了个神妙的防守布局：38岁、193厘米、跳不起来的老组织后卫杰森·基德，单防勒布朗·詹姆斯——正在巅峰年龄、联盟历史上爆发力最可怕、最劲爆的怪物。

而且居然奏效了。

勒布朗没法用速度摆脱开基德；他试图用背筐单打基德，但基德的步子咬得精准，严丝合缝，而勒布朗并不以背身进攻见长。第四场第二节末，他试图三分线外起速突破基德，却被吹进攻犯规。于是，整个第四场，勒布朗一直在传球组织，中间顺便投丢些球。第四节，他的单打基本消失了。他停止了进攻。

而那正是比赛最关键的时刻。

小牛主帅卡莱尔除了派基德去防勒布朗，还派出J.J.巴里亚首发。而热火那边，德维恩·韦德依然没有屈服。比起2006年，他的速度已经被伤病削割，他进攻端得做更多空切，把握好每次投篮。但总决赛第二到四场，韦德合计拿到97分，命中率是惊人的60投37中——第四场，32分。

就在第四场的第四节，韦德空接扣篮，当小牛开始追分时，他强行拨到前场篮板将球抛进，反击中盖下小牛中锋泰森·钱德勒的扣篮（193厘米盖216厘米！），自己反击得分把分差再拉开到5分。韦德一直很"热"，他不顾一切想赢球的热情，简直可以灼伤人。只是这一晚，他遇到了一个更"热"的人。

德克·诺维茨基上半场显得颇为迟钝，第三节，小牛终于追到59比

supports
TRIX'S KIDS matrix31.com
Coca-Cola
Coca-Cola
Coca-Cola
metroPCS
MIAMI
3

总决赛第三场，韦德依然是热火队尖刀，全场砍下29分、11个篮板、3次助攻

60时,卡莱尔教练把德克换下,打了一分钟,德克又被换上来了——然后又是换上换下。

因为德克·诺维茨基赛前发烧,测体温是华氏101度——约合38摄氏度。下场时,发烧的诺维茨基用毛巾裹住身体。第四节,他被推推搡搡,不断弯腰,跌跌撞撞。德克前18投只有5中,第四节热火一度74比65领先。那时,总决赛眼看就要结束了,热火即将3比1领先。

但是小牛挺住了。

先站出来的是杰森·特里。他突破上篮、突破抛射,重新点燃主场。韦德开始接管比赛,但诺维茨基发烧的手依然罚得进球,加上左手上篮,而且控制后场篮板。直到最后时刻,比赛剩14.4秒,诺维茨基单打哈斯勒姆,突破,上篮,得到那关键的2分。小牛86比83取胜:韦德的32分如锋刃,掠过小牛的脖子;但诺维茨基发烧的手,最后握住了自己的命运。小牛追到了2比2。

这一晚属于韦德和诺维茨基——实际上,2011年总决赛,都是他们俩的故事。这一切像命运的轮回:2006年总决赛进行到第三场第三节结束时,小牛眼看要夺得3比0的领先,但此后韦德率领热火队完成大逆转夺冠。自那以来,诺维茨基一路走背运。2007年被勇士"黑八",让到手的常规赛MVP失色,球队再改组。到2008年,他身边已经搭上本世纪小牛的第三拨人马。韦德从诺维茨基手里拿了总冠军,但命运却更苦:球队老迈伤病,2007年被横扫;莱利开始谋划2010,把他身边人马抽走大半。2007—2008赛季重伤,然后2008年凤凰涅槃。2008—2010赛季的韦德一个人背负迈阿密艰难前行,两次第一轮被打飞。然后终于等来俩兄弟,2011年再会。

反过来,勒布朗·詹姆斯在总决赛第四场,11投3中,只得8分。他有9个篮板、7次助攻的全面表现,但这个8分触目惊心。在第四节,当热火领先7分、比赛还有10分钟时,比赛进入暂停。那时,热火离胜利如此之近,而韦德一路扛着热火队战到此时,力气已将竭尽。这是勒布朗的大好时光：他只需要像对凯尔特人第五场一样，接管比赛，把胜利维持到底即可。但当时勒布朗独自坐在板凳上，咬手指。热火队助理教练鲍勃·麦卡杜走过来，热火其他队友走过来，拍他的肩膀，喊着："来吧，勒布朗，为我们把胜利带回家！"勒布朗抬头看着他们，茫然若失。

2011年总决赛第五场，2比2打平，天王山之战。开场，勒布朗还是在组织。有一个快攻扣篮，但阵地战进攻极少。第一节前半，马里昂的凶悍表现，几乎在挑衅他。勒布朗没动气，而韦德不顾一切地突破造犯规。第一节打了2/3，韦德已经靠突破6次罚球了。

然后韦德就伤了。

第一节后半段，勒布朗开始接管比赛。平心而论，他做得不坏。他的大视野和分球把球队理顺了，但热火真正的英雄是后卫查尔莫斯：助攻哈斯勒姆中投，自己两记三分球，尤其是第一节压哨的12米外的神奇三分球。

而勒布朗在做组织。从第三场到第五场，他一直很甘心做持球组织。

上半场后半段，马里昂在勒布朗面前投中球，诺维茨基随后得手。勒布朗一记三分球失手，特里挡拆给钱德勒扣中追平52比52。勒布朗终于到低位背打马里昂造了一次犯规，之后小牛这边德克+特里大战热火那侧韦德+查尔莫斯。查尔莫斯上半场生龙活虎13分，而诺维茨基的中投引领了小牛的追分高潮。半场结束，小牛60比57。

第三节前半段，勒布朗单挑矮他一头、轻他40公斤的巴里亚，随后换成韦德和特里对攻。小牛掌握着主动，进入第四节。韦德如期醒来，助攻哈斯勒姆得分，随后自己突破得分、抢断上篮。第四节热火队的主旋律很明白：勒布朗主打组织，韦德和哈斯勒姆主攻。小牛除了巴里亚的三分外毫无亮点。当韦德再一记三分得手后，热火已经99比95领先了，剩给小牛4分钟。

然后，小牛如此完成反击：

小牛见基德挡不住韦德，改用马里昂去防韦德，用基德去防勒布朗。而勒布朗的回应是投丢一记三分球。诺维茨基和波什互中罚球后，特里一个超级三分球扳平，双方100平。当是时也，勒布朗面对38岁的基德，

DWYANE WADE：THE WAY OF FLASH　　　　　　　　　　　　　　　　　侠道　韦德传

总决赛第四场，小牛开始追分，韦德反击中盖下小牛中锋泰森·钱德勒的扣篮（193 厘米盖 216 厘米！）

第三章 痛失冠军

2011年6月9日，总决赛的第五场，韦德和特里对攻，但最后小牛完成了反击，112比103取下总决赛第五场，3比2领先了。

一记中投不进，诺维茨基翻身过来，底线突破，扣篮。

随后是勒布朗进攻犯规撞倒钱德勒，勒布朗再一个三分球失手。基德接特里传球，三分远射得手，小牛105比100。等特里锁定胜局的大号三分，勒布朗终于投进一个迟来的上篮——至此，总决赛五场比赛，勒布朗的第四节得分合计是11。

小牛112比103取下总决赛第五场，3比2领先了。

天王山之战，韦德造了12次罚球，23分、8次助攻。波什19分、10个篮板。勒布朗19投8中得17分，还有10个篮板、10次助攻，三双的成绩，但第四节，他3投0中加1次进攻失误。热火队99比95领先，到最后被小牛打出17比4大逆转期间，勒布朗1次失误加两次投篮不中。

第六场，比赛回到迈阿密。背负小牛一整个系列赛的诺维茨基终于没了手感，上半场12投1中。他的作用，只剩下跟巴里亚做挡拆外切，然后牵制开防守者让巴里亚突破。实际上，第一节德克下场时，小牛17比22。然后，小牛打出了25比6的超级高潮。韦德带着查尔莫斯+豪斯三小后卫回了一波14比0，但特里继续救场。上半场他个人独得19分，补上了诺维茨基的冰冷手感。小牛53比51领先上半场。随后，第三节小牛的MVP，是巴里亚和卡迪纳尔。巴里亚乱枪打鸟，卡迪纳尔坚如磐石。后者完全是个泥水匠，铲挡撞跑，满脸"只要我在，你就别想控制局势"。到第四节，诺维茨基醒了。前20投4中的他，最后7投5中。加上特里、巴里亚和基德们锦上添花，小牛105比95取胜。4比2夺冠。

用诺维茨基的话说："是我的队友们背负了我。"每个球员提供的帮助都很珍贵。基德的两记三分、一次回防盖掉查尔莫斯；巴里亚的上篮和突破分球；钱德勒的内线保护；马里昂的每个前场篮板；特里神话般的上半场；史蒂文森第一节的关键狠劲。小牛全场19次助攻，三分球26投11中。转移球、快攻跑对路线、把握投篮机会、拉开空间寻找队友。用卡莱尔教练的话说，"我们打的是正确的篮球"。

而迈阿密热火这边：

韦德下半场零星地想用突破起势，但无济于事，全场17分、8个篮板、6次助攻；上半场，热火靠豪斯+查尔莫斯一系列毫不讲理的三分球撑局，但下半场三分香火扑灭。哈斯勒姆和波什倒是是兢兢业业，前者19分、8个篮板，后者11分、9个篮板，但抵挡不住小牛海浪滔天的三分球。勒布朗打了一场"不错"的比赛，前4投全中，全场15投9中得21分，还有4个篮板、6次助攻，但有6次失误。

德克·诺维茨基赛后第一时间冲进更衣室（后来德国人承认，自己是哭去了），然后又回来，接过了2011年冠军奖杯，成为总决赛MVP。

就在迈阿密"三巨头"组队一年之后，在迈阿密主场，达拉斯小牛的老将们，举起了冠军奖杯。

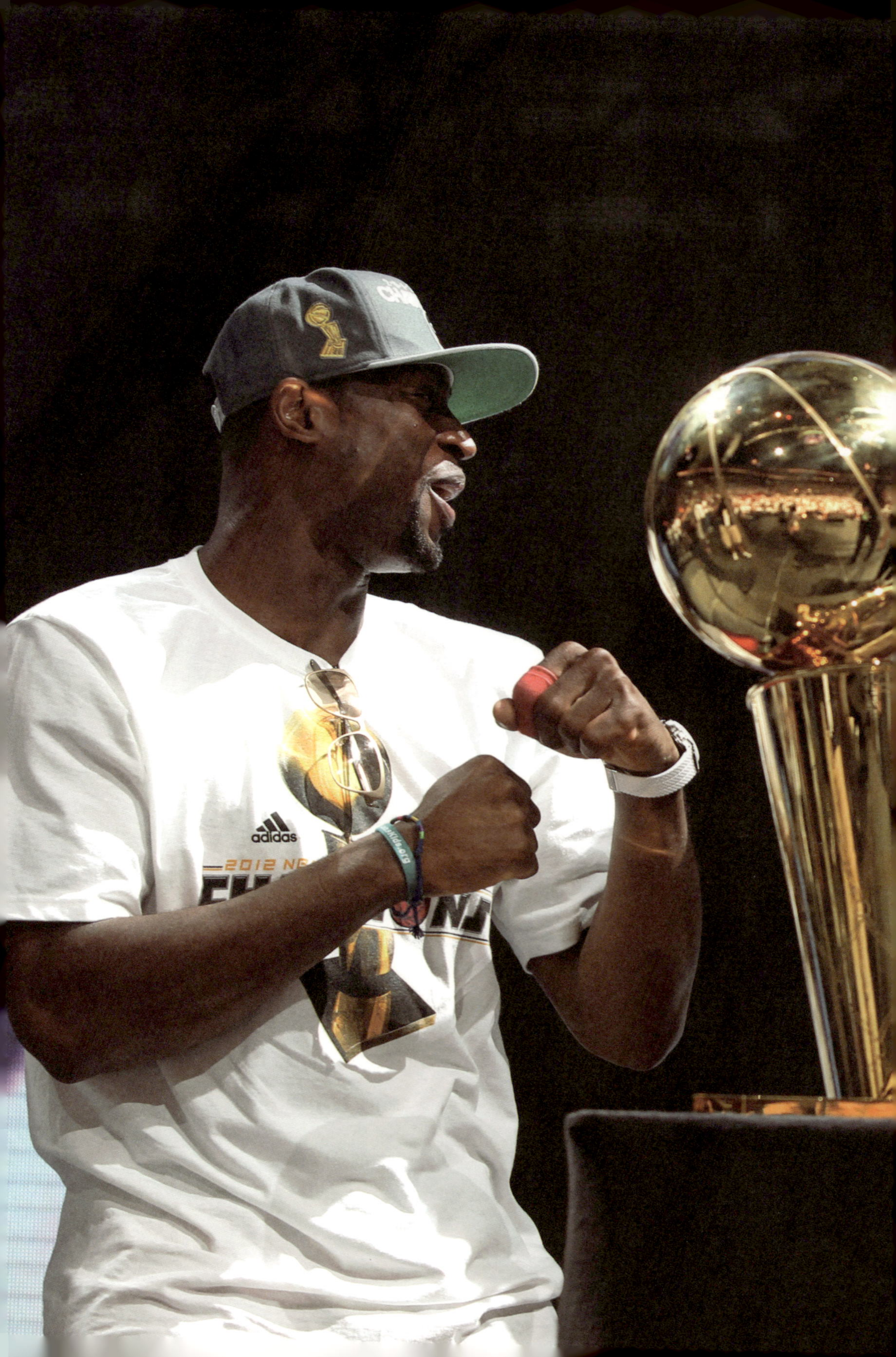
adidas

第四章

王者归来

10
变革

2011 年的夏季，漫长而酷热。NBA 球员工会和球队老板们"分赃不均"，为了新劳资合同谈判得昏天黑地日月无光，终于 NBA 自 1999 年后再次停摆，赛季推迟，大批球员去欧洲打工。

败给达拉斯后，勒布朗·詹姆斯一头栽进自己的房子，两周都没出门。"我没法看电视，因为每个频道——包括卡通频道——都在谈论我和热火队。"

只有一样东西能把他拽出黑暗的房间。"你喜欢打篮球。很长一段时间，你都打得很好，你真的没必要改变一切。"勒布朗说这是他的自我解脱方式，"所以回到你过去打球的路数，微笑，尝试去统治球场。在篮球中寻找乐趣，记住在不久之前，在 NBA 打球还只是你的一个梦想。不要忘掉最初的梦想。出门去，打球，进步。"

他做的第一件事是刮了胡子。他从房间出来时，胡子已经垂到胸口，"我看上去像《浩劫重生》里的汤姆·汉克斯。"他飞回了俄亥俄。他找到了凯斯·达姆布罗特——他的高中教练——像他在高中时那样开始训练。达姆布罗特教练认为："许多人不敢跟勒布朗正面提意见，但实际上，他是真的渴求意见。"于是，达姆布罗特对勒布朗说：

"你得多做些你不那么喜欢做的事。你要多抓篮板，多做无球移动。所有基础的事情都能让你回到最开始的起点。"

2011 年夏，迈阿密热火在选秀大会上招来了控卫诺里斯·科尔。这个青年高中时拿过若干个州冠军，和所有读完四年大学才进 NBA 的后卫一样全面靠谱；以及他是俄亥俄人，他过去四年都在克里夫兰打球。

勒布朗把他请来，一起训练。科尔后来回忆起，勒布朗的桌上放着一本关于领袖才能的书——《蚂蚁与大象》。勒布朗自己说：

"这本书讲一只蚂蚁如何千方百计寻找绿洲，但最后发现最好的方式，是乘上一头迈向绿洲的大象……有一段时间，蚂蚁在大象背上，他们穿过沙漠，看见一群狮子，大象把狮子们吓走了。蚂蚁觉得，哇，我有世上最强大的朋友！但稍后，大象看见老鼠，害怕了，逃走了。蚂蚁不明白，为何如此巨大、吓得走狮子的巨物，会怕老鼠？蚂蚁得训练大象，告诉他，你是最大最强壮的，你不用怕任何东西。"勒布朗，112公斤的勒布朗，NBA最强壮的怪物之一，说：

"我从这个故事里，得到了许多。"

勒布朗飞去了休斯敦，找到了篮球史上最好的背身大师之一"大梦"奥拉朱旺。"大梦"给他演示了各类动作：如何对付大个子，如何对付小个子，24秒限时将到时怎么处理球。勒布朗把这些视频塞进电脑，到哪儿都看。

"伟大的球员总是活得不舒服，总是忙于提高自己。勒布朗也不例外。"斯波厄斯特拉教练说。

2011年12月，被停摆延长的假期即将结束，热火队重新预备征途。他们签下了杜克老将肖恩·巴蒂尔——NBA最好的单防专家、"防守胶水"之一；NBA最聪明、团队、沉稳、有大局观的团队球员之一。

此外，马里奥·查尔莫斯确定成为首发控卫。堪萨斯大学三年、NBA打过两年之后，全世界都知道他能防守、敢投篮，可就是不会组织。热火队对他抱过希望，失望过，折腾一整年，终于又相信了他。

波什长了体重、练了肌肉，并说自己愿意担当起中锋的职责。

韦德的夏天神秘而安静，直到2011年12月，迈阿密媒体才曝出：2011年夏天，韦德都在苦练背身后仰投篮。他特意加强了右腕和左膝肌肉，以免再受伤。他在苦练失去平衡下的投篮。

以及，韦德对自己和勒布朗的关系，另有想法。

算无遗策的帕特·莱利，给败军之将主教练斯波厄斯特拉续约了——这个动作意味着什么？他企图传递什么信号？"你暂时不必担忧帅位，我不会再在你背后若隐若现了，你不必担心我会把你取而代之，好好做主教练吧。"

2011—2012赛季常规赛，迈阿密热火的风暴来得摧枯拉朽。揭幕战逢圣诞之夜，对达拉斯小牛，总决赛的重赛，迈阿密打出令人眩晕的篮球，让达拉斯主场观众魂飞魄散：第一节32比17领先，上半场打完已经62比41领先到21分锁定胜局。勒布朗全场36分钟19投11中、19罚15中，轰到37分，还有10个篮板、6次助攻、2次抢断、2个封盖，而韦德34分钟内21投11中得26分，还有8个篮板、6次助攻。热火最后105比94取胜——第四节，他们的替补不敌小牛，被小牛打了一个29比8。

"我们尝试着有侵略性。"勒布朗说，"我们是支专注的球队……我们尽量运用速度，而且聚精会神。"

而达拉斯主帅卡莱尔——就在上季总决赛，他还轻松剖解了热火——在这晚后已发现了不对：

"我们得重新为这支球队确定身份了。他们是支完全不一样的队伍。"

两天后，迈阿密回到主场，再次掀起"热带风暴"。上半场结束，热火以69比54领先凯尔特人15分。凯尔特人下半场紧追，但为时已晚。热火以115比107击败凯尔特人。虽然对面雷·阿伦三分球8投6中轰落28分，朗多也有22分、12次助攻的表现，但热火这边韦德24分，勒布朗26分，波什18分、11个篮板，替补后卫诺里斯·科尔高效的20分。赛后，科尔甚为快乐：

"你一路成长，就是为了经历人生里类似这样的时刻。"

第三战，在夏洛特，情况没那么顺利。终场前剩半分钟，勒布朗已经得到了35分，还有6个篮板、7次助攻，而热火94比95落后1分。斯波尼斯特拉决定让韦德执行最后一击——此前，韦德仅12投4中，所以他自己都震惊了：

"我当时不在节奏上，我差点说'让勒布朗来投吧！'"

但他还是去执行了：突破左侧，面对杰拉德·亨德森，剩2.9秒时一记10英尺（1英尺＝0.3048米）擦板中投得分，绝杀山猫。热火96比95取胜。

两天后，在明尼苏达，最后剩55秒时，热火99比100落后森林狼。但韦德一记跳投得分，然后接勒布朗的界外球助攻得分，103比101，连续第二场死里逃生。勒布朗也承认："这场比赛，是我们偷到的。"当然，胜利不是凭空而来，这一晚，勒布朗得了34分，还有8个篮板、10次助攻、4次抢断，波什也有20分、9个篮板。

2012年1月1日，129比90大破山猫后，热火已开局五连胜。场均得分达到恐怖的110分。如是，你终于可以明白，卡莱尔教练所谓"他们是支完全不一样的队伍"，是怎么回事了。

首战小牛9投2中的波什，如此解读热火的新套路：热火队提速袭篮，导致"这简直像场赛跑，看谁先杀到对方禁区。十次里有九次，我跑不过他俩（韦德和勒布朗）"。热火队习惯性上半场急风暴雨，不给对手喘息之机，紧逼、断球、快攻，勒布朗和韦德突破袭篮，不陷入拖沓的阵地战，不在外围做低效率跳投，开始就奠定巨大优势。所以，波什这两场更多是跟快攻到弧顶，接回传球中远投。这套路完全是为了把勒布朗＋韦德两个怪物的攻击力最大化。用帕特·莱利1982年的湖人哲学："如果我们队有足够的天赋，就该施压提速，在快速攻防中摧毁对手。"

提速不仅有利于把勒布朗和韦德的能力最大化，也有利于激励查尔莫斯、诺里斯·科尔这些年轻人，让哈斯勒姆、波什这些内线跑起来打，也比让他们去内线挤位置要快活得多。对勒布朗来说，他和韦德成了两个呼啸着烟雾的"火车头"。

到2012年初，热火的风格很直白了：赛季第一个月，他们每场不算罚球，要得到85分，其中，41分是在10秒内完成的闪电战。对掘金的一球至为典型：第一节打到6比6，韦德底线一记橄榄球四分卫式长甩，球场另一端勒布朗空接直接得分——一次进攻完成，只用一秒。

但这也是热火的问题。

热火拼死提速，恰是因为他们半场进攻缺少套路，只能靠勒布朗、韦德俩"火车头"牵着，大家赶速度，趁对方没防守落位结阵，赶着"打家劫舍"。来如雷霆收震怒，飓风卷一遭了事。但如果对方落了位，修墙筑坝，逼热火架云梯攻坚，就头疼了。

另一个问题，是赛季初韦德的状态起伏不定。在热火这套碾压、紧逼、提速反击的战术中，韦德负责协防盖帽，勒布朗负责满地捡篮板，两个人都要眼疾手快，苍鹰搏兔那样断球，提速，快攻。为了提速，韦德在防守端和反击时，投入了太多精力。同时，进攻端，他也得尽量快速转移球，突分、中投、弱侧袭筐。

进入2012年2月，勒布朗逐渐将夏天修炼的一切用上了：他的背身单打，他的运球，他的中投。2008年以来，他的中投一直在进步，2011年夏天，他对细节注意到了以下地步：他投篮出手时后仰幅度太大了，于是他从零开始，练习空位拔起跳投。他和他的助理大卫·费泽戴尔一起苦练两个基本动作——腰位背身接球，然后向中路翻身勾手，或是底线翻身突破。2月13日，这一切在密尔沃基完美展现。勒布朗对雄鹿全场33分钟内21投16中得到35分，还有8个篮板，他的背身技巧和近筐投篮训练，让雄鹿教练斯基尔斯摇头："他能够投中那些高难度投篮——也可能那些投篮对他来说，根本不算高难度吧！"

韦德和勒布朗一起去参加了2012年全明星赛，在奥兰多的安联球馆，勒布朗三分球8投6中，得到36分。但最后时刻，东部落后2分，勒布朗三分线外持球，然后选择了传球——德隆·威廉姆斯投了三不沾，前场篮板仍归东部，勒布朗企图传球给远端的韦德，球被布雷克·格里芬抄断。西部152比149赢球，西部队独得36分的凯文·杜兰特举起全明星MVP奖杯。

这时候，谁都想不到，这是杜兰特和勒布朗 2012 年宿命对决的开始。

2012 年 3 月 2 日，热火客场对犹他爵士，98 比 99 落后时，已得到 35 分、10 个篮板、6 次助攻的勒布朗，选择把球传给空位的哈斯勒姆——哈斯勒姆投丢了，热火队输球。喧嚣声继续沸反盈天。勒布朗说：

"我不是怕输球，而是怕让队友失望。我不会因为投丢球不高兴，但在更衣室里我会内疚，我本来可以更好地帮助我的队友。"

善解人意的老将肖恩·巴蒂尔，明白勒布朗的一切苦衷。"他是个全球级的标志，一个篮球传说，这一代最广为人知的运动员。而且他很特殊，他是第一个在信息时代被如此注视的运动员。他的每一天、每件事情都在被关注，他怎么打球、如何回复推特、赛前说什么、赛后说什么，他身边随时都有摄像镜头和话筒。这是他得付出的代价。他明白这个。但我知道许多人未必能承受这一切。"

韦德很明白这一点，所以，韦德在不停地劝导勒布朗：

"回到你打法的起点，用你最舒适的方法打球。"

当年，"鲨鱼"一直在试图让韦德接管自己的进攻权。

如今，韦德也在极力让勒布朗自由起来。

2012 年 3 月 18 日，热火主场对魔术，打出完美的防守战：逼到魔术命中率不到 40%、失误 18 次。韦德 31 分，波什 23 分。勒布朗自己 14 投 4 中只得 14 分，但赛后他认为，这是他赛季最满意的比赛。"我投篮手感一塌糊涂，但我做了其他事。"他抓了 12 个篮板，助攻 7 次，抢断 5 次。以及，他手感不佳时，韦德可以接管。

韦德一直在背后，默默地支撑着勒布朗。

3 月下旬，迈阿密热火做客西部，对战俄克拉荷马城雷霆。当时热火 35 胜 11 负，东部第二；雷霆 36 胜 12 负，西部第一。雷霆的凯文·杜兰特和热火的勒布朗·詹姆斯，又恰好是常规赛 MVP 呼声最高的两个人。

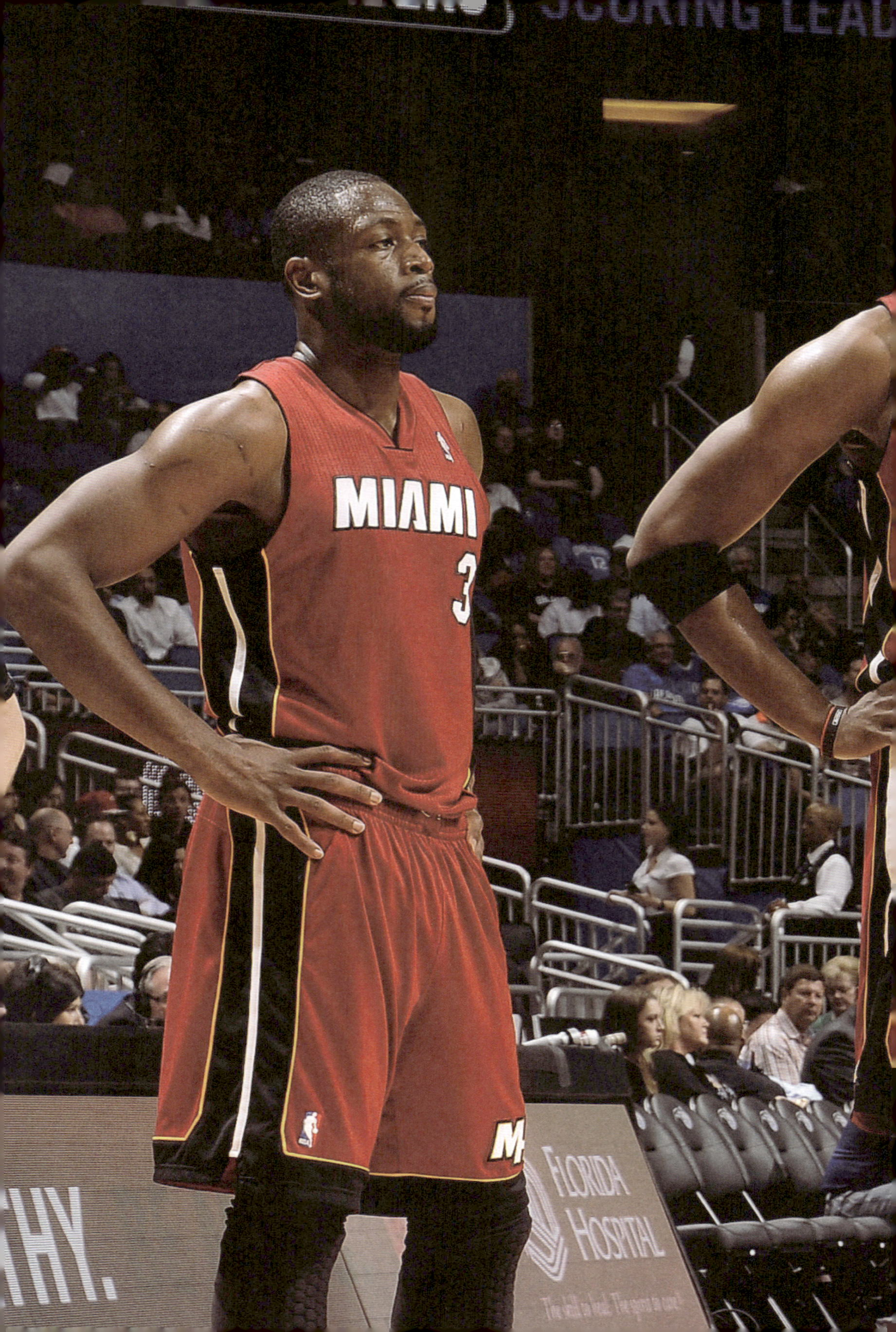
MIAMI
FLORIDA
HOSPITAL

2012年3月18日,热火主场对魔术,打出完美的防守战。韦德31分,波什23分,勒布朗14分、12个篮板、7次助攻、5次抢断

这场比赛，韦德 22 分但有 6 次失误，勒布朗 18 投 8 中得 17 分，还有 7 次助攻。而对面，连续两届得分王凯文·杜兰特，20 投 11 中得 28 分，还有 9 个篮板、8 次助攻；拉塞尔·威斯布鲁克 13 分、6 次助攻、3 次抢断；詹姆斯·哈登 7 投 6 中，罚球 7 投 6 中得 19 分，还有 6 次助攻。

这一晚之后，全联盟都开始讨论，常规赛 MVP 头号热门，是不是已经从勒布朗转去了杜兰特那边？另一个话题是，雷霆"三巨头"，是否已经超越热火"三巨头"，成为更可怕的三人组？没人会怀疑勒布朗、韦德的全面统治力，以及波什的存在，但是：

2009 年被选为探花时，詹姆斯·哈登被球探报告认作是"黑人版吉诺比利"。他与"阿根廷银蛇"吉诺比利的相似处不只是左手，不只是身为得分后卫却担当组织者的爱好，不是变向欧洲步上篮，而是他的犀利选择：他的攻击手段主要是三分线、禁区上篮和骗罚球，而绝少中投，他是个毒蛇般的高效率怪物。

2008 年入行的拉塞尔·威斯布鲁克，可能是 NBA 最火爆的后卫，也可能是 NBA 最有冲击力的怪物。他的大脑还是时常犯抽，但他的"没事找事高难度滞空上篮"+"急停全身绷直跳投"，杀伤力着实可怕。2011—2012 赛季，他是全 NBA 场均得分最高的组织后卫。

2012 年，已有两个得分王头衔的杜兰特依然在进步。他的一对一持球突破、行进间急停跳投、抛射、中距离背身后仰统统飞速进步，左手运球突破、换手变向的提速，都进步了。

如是，雷霆的三位天才，比热火更年轻，更迅疾凶猛，而且他们彼此打球毫无芥蒂，互相依衬。

2012 年 4 月 4 日，距败北雷霆十天后，热火回主场，与雷霆血战。第二节打到一半，帕金斯打了韦德的头，双方彼此怒视，各自被吹技术犯规。12 秒后，韦德断掉威斯布鲁克的球，勒布朗急冲前场，接传球想起飞扣篮，被威斯布鲁克背后一把抱住按倒。球场血气沸腾，一向视绅士派头如命的帕特·莱利都从看台上跳了起来。威斯布鲁克被吹了恶意犯规，勒布朗没受影响。半场结束前，他一记跳投，热火完成 23 比 11 的小高潮，50 比 49 领先。半场时，勒布朗说：

"这是季后赛级别的篮球。我跟威斯布鲁克很熟，我知道他不是个脏球员。"

第三节，热火一度领先 9 分，但雷霆还以一波 10 比 0，杜兰特一记 12 尺跳投为这波高潮收尾。第四节，双方继续纠缠，最后一分半钟，勒布朗单防杜兰特，逼杜兰特投失一记后仰投篮；波什跳投得手，热火 96 比 93 领先；帕金斯两罚皆失，勒布朗错失投篮，杜兰特最后一记三分不中——热火 98 比 93 险胜。杜兰特 21 投 11 中得 30 分，但多达 9 次失误，而勒布朗则是 20 投 10 中得 34 分，还有 7 个篮板、10 次助攻以及 4 次抢断。

忽然之间，MVP 的天平又向勒布朗倾斜了。

全明星赛之后，热火的战绩并不顺遂。全明星赛之前 27 胜 7 负的他们，在全明星后常规赛只有 19 胜 13 负。

他们的快攻被全联盟对手读懂了；斯波厄斯特拉教练的阵容试验也不成功。这一切逼迫勒布朗在 4 月份重新披甲，接管比赛。就在对雷霆 34 分前夜，他面对费城 76 人取下 41 分；4 月 10 日对凯尔特人，尽管输球，他竭尽全力得了 36 分、7 个篮板、7 次助攻；两天后在芝加哥，30 分。

一切并不太顺心遂意，但他的心态比前一年宁静得多。他不再用推特大肆发表言论，也不再瞪着客场球迷了。韦德一直在提醒他：不要多思考，做好自己的事。

2011—2012 赛季常规赛结束，热火常规赛战绩东部第二：46 胜 20 负。在季后赛开始前，勒布朗决定关掉手机，他得专心打比赛，只在一个系列赛完了之后才联系人。

斯波厄斯特拉教练则请人做了个黑瓷的总冠军奖杯复制品。每个队员都用金笔去签了自己的名字。斯波厄斯特拉教练说，每赢一场比赛，

DWYANE WADE：THE WAY OF FLASH   侠道　韦德传

2012 年 4 月 4 日，常规赛，热火对阵雷霆，勒布朗单防杜兰特，热火 98 比 93 险胜

就在这个奖杯上描一条金线。16条金线之后,黑瓷总冠军将兑现为金杯——据说这是韦德的主意,因为"亲眼看着一步一步接近冠军,才最让人愉快呀!"

11

双子星

  2012年季后赛首轮，热火迎战纽约尼克斯。季后赛第一战，热火展现出他们原本应有的风骨：压迫式防守、暴风反击、断头台式的残忍无情。热火依靠第二节的龙卷风式反击，上半场就54比31领先，全场100比67。他们把纽约的命中率压到36%，造了纽约24次失误。而且倒霉的是，他们寄予厚望对付韦德的伊曼·香波特受伤，赛季提前结束了。勒布朗把"甜瓜"安东尼防到15投3中只得11分——确切地说，他对位"甜瓜"时，"甜瓜"7记跳投全部失手——而自己31分钟内14投10中得32分。赛后，勒布朗解释：

  "今年的我，是个与去年不同的球员，是个与去年不同的人。我一直等着回到季后赛，我准备了一整个赛季，我从休赛期一直等到现在。"

  但"甜瓜"的手感不会一直冰冷。第二场第一节，他就投了11个篮；上半场，他18投9中已得到21分。而勒布朗、韦德、波什半场合力拿到41分，热火53比47领先。第三节，勒布朗连续得分，让热火67比56领先，但4分钟后，纽约已把分差追近到4分。热火又一波闪电战：勒布朗突破篮下吸引全纽约队员围夹，然后助攻巴蒂尔三分远射得手，随后他自己在时间走完前得分，热火78比69领先9分进入第四节——然后，纽约再未逼近，94比104输掉了比赛。"甜瓜"第二场得到30分、9个篮板，而热火这边韦德25分，波什21分，勒布朗19分、7个篮板、9次助攻。

第三场，麦迪逊花园。斯塔德迈尔缺阵，热火的防守让尼克斯在纽约球迷面前只有32%的命中率，失误18次，全场70分。"甜瓜"23投7中得22分，钱德勒10分、15个篮板，但无济于事。尼克斯顽强地和热火纠缠到第四节，然后被一波29比14轰垮。韦德20分、5次抢断，巴蒂尔0分但3次抢断，查尔莫斯3次抢断，勒布朗自己32分、8个篮板、5次助攻、2次抢断。热火进攻并不流畅——钱德勒像巨石一样卡住了内线——但有这些抢断和反击，已经够了。热火3比0领先，系列赛就此失去悬念。

第四场，"甜瓜"捍卫了自己的尊严，29投15中得41分，还有6个篮板，加上带伤出阵的斯塔德迈尔20分、10个篮板，纽约89比87扳回一城。比赛剩55秒时，"甜瓜"射中了关键的三分球，而韦德随后的追击投篮未中。

第五场，"甜瓜"得到35分，包括第三节末他后转身晃过勒布朗，一记跳投得手，得到纽约第67分，可是热火队已得到81分……第四节，纽约的反击无功而返。热火稳稳地106比94取胜。"甜瓜"31投15中得35分，还有8个篮板、1次助攻，而勒布朗游刃有余，只出手16次，拿了29分、8个篮板、7次助攻。韦德很给纽约面子："虽然只是五场系列赛，还是很艰苦。"

这个系列赛，让热火坚定了一个套路：他们开始用查尔莫斯+韦德+勒布朗+波什+哈斯勒姆的首发阵容。坏处是，188厘米的查尔莫斯、193厘米的韦德、203厘米的勒布朗、211厘米的波什和203厘米的哈斯勒姆，身高偏矮，而且是个无中锋阵容。好处是，这个阵容够灵活够快，防守端有足够的压迫性，进攻端则点多面广，人人有攻击能力。禁区没有一个钱德勒那样的巨人？他们就靠勒布朗和韦德两个怪物巡航游弋，分身到处堵截来补位。

季后赛第二场,尼克斯94比104输掉了比赛,韦德25分

季后赛第五场,热火 106 比 94 取胜,"甜瓜"得到 35 分

淘汰纽约后，热火面对两个消息：第一个消息，常规赛东部第一芝加哥公牛王牌、上届常规赛 MVP 德里克·罗斯遭遇重伤，首轮对费城 76 人之战时重伤倒下，随后公牛遭遇"黑八"被淘汰，东部的最大敌手提前被干掉；第二个消息则不算好，迈阿密半决赛的对手，将是东部第三的印第安纳步行者。

对决热火之前，步行者的状态，好得很是诡异。常规赛最后阶段，他们调整出了一个赢球首发：犀利的乔治·希尔担当组织后卫，实际身高 208 厘米的射手 + 防守悍将保罗·乔治和东部最好的小前锋之一格兰杰担当翼侧，联盟最好的中投手之一大卫·韦斯特和 218 厘米的东部全明星中锋罗伊·希伯特担当内线。这套首发阵容，从常规赛末尾到季后赛首轮干掉魔术，一路战绩是惊人的 11 胜 2 负。

步行者没什么明星球员，但他们有许多点恰好咬在热火的痛处。比如，步行者的前场篮板东部第二，而热火队最忌惮能统治前场篮板的队伍。热火队善于靠断头台式防守逼失误、打反击、奔袭击溃，而步行者的失误控制，东部第三好。热火队的大量轮转碾压，最忌惮对手中投精准。而步行者是支全队从上到下都能投篮的队伍——希尔、科里森、格兰杰、乔治不提，韦斯特、希伯特、汉斯布鲁都有精确的 15 到 18 英尺中投，尤其是韦斯特，当年被克里斯·保罗起过"17 尺刺客"的绰号。热火的首发内线是 203 厘米的哈斯勒姆和 211 厘米的波什，常用内线还有 206 厘米的乔尔·安东尼，而步行者是联盟最喜欢打内线背身进攻的队伍之一：他们有 218 厘米的希伯特、206 厘米的韦斯特、汉斯布鲁和阿蒙森。

5 月 13 日东部半决赛第一场，步行者像冲上舞台的疯狂观众，让迈阿密吓一跳。赛前的颁奖仪式，勒布朗接过了他的第三尊常规赛 MVP 奖杯。第一节，步行者 23 比 20 领先热火。上半场结束，步行者继续领先：48 比 42。韦德半场 13 分，勒布朗 6 分。

不过，上半场尾声，波什在禁区线接勒布朗传球，运了一步，突破希伯特，左手扣篮得分，同时和希伯特有身体接触。波什落地，在地上倒了15秒钟才慢慢起身：他受伤了，退出比赛。热火"三巨头"，只剩勒布朗和韦德两人了——而且，他们刚失去了最好的内线，唯一靠谱的长人。

勒布朗在第三节苏醒，得到10分。热火第三节打出28比22，追平比分。第四节，勒布朗不加休息继续奋斗。比赛到最后5分钟，乔治·希尔投中三分让步行者仅以85比86落后，但从那之后，热火以地狱烈火般的防守烧焦了步行者。勒布朗一记扣篮让热火90比85领先，终场前32秒，他一记跳投锁定胜局，热火95比86取胜——下半场，勒布朗独得26分，韦德16分。全场勒布朗32分、5次助攻，外加15个篮板，韦德29分。赛后，热火跟队记者布莱恩·文霍斯特说：这是韦德和勒布朗双人组搭建以来，发挥最出色的比赛之一。

第二场前，坏消息来了：波什伤势不轻，热火被迫摆出查尔莫斯+韦德+勒布朗+哈斯勒姆+图里亚夫的首发。比赛最后1分22秒时，热火追到75比76，但勒布朗的投篮被保罗·乔治盖掉，随后韦德错失一个跳投，勒布朗在比赛剩54秒时被格兰杰犯规，但两罚皆失。最后时刻韦德单打未中，热火输球：75比78。

步行者主帅沃格尔确认了他们的胜利之匙：

"防守和篮板，我们就是以此建队的……这就是东部联盟的篮球。我们知道进攻有起有伏，尤其是对阵迈阿密这样的伟大防守队伍……但我们自己的防守也相当棒。"格兰杰则精确地勾勒了热火的问题：

"他们队今天得分第三的人，也只得了5分，这就是我们需要的。"

第三战，步行者主场。韦德这晚仿佛被幽灵附体，上半场5投全失，失误2次，茫然得像个初打篮球的高中生。第四节，韦德和勒布朗先后下场，呆呆看着热火被击败。94比75，步行者赢球，2比1。

DWYANE WADE：THE WAY OF FLASH　　　　　　　　　　　　　　　　侠道　韦德传

在与步行者的第一场比赛前，勒布朗接
过了他的第三尊常规赛 MVP 奖杯

第四章　王者归来

在步行者的主场，韦德状态全无，只能看着热火被击败

令人震惊的是，这晚热火得分最高的居然是查尔莫斯，25 分。勒布朗 22 分、7 个篮板、3 次助攻。而韦德 13 投 2 中，只得 5 分。赛后，记者们追问的不是这个数字，而是他和教练吵了什么。韦德拒绝回答。

"我都不记得你们说的这事儿。"

斯波厄斯特拉教练试图息事宁人。

"这类事常发生。这是比赛的一部分，大家情绪都有点激动——那时我们正被对手踢屁股呢。"

勒布朗最后做了总结：

"韦德今晚不在状态。他想打好吗？当然。他可是这世界上最好的球员之一。"

又一次，步行者赢在了篮板。他们抓到 52 个篮板，热火 36 个。他们把热火防到只有 37% 的命中率。

世界开始骚动。ESPN 甚至提出："'甜瓜'换韦德怎么样？"流言说，如果热火被步行者淘汰，热火"三巨头"之一可能被交易。热火仅以 1 比 2 落后，但世界都觉得形势倾向于步行者：波什受伤，热火似已陷入内乱，热火无法应对步行者居高临下的篮板球优势。怎么办？斯波厄斯特拉调整了首发：

查尔莫斯 + 韦德 + 巴蒂尔 + 勒布朗 + 图里亚夫。

这意思是，减少一个内线，增加一个射手，而勒布朗顶到内线。

第四场，超过 18000 名球迷涌进康塞科主场。他们指望步行者再破一城，3 比 1 领先热火。上半场，他们看得很满意。勒布朗凶猛无匹，但韦德手感依然沉钝，半场只得 8 分。上半场结束，步行者 54 比 46 领先 8 分。

没有波什，大比分 1 比 2 落后，第四场半场落后 8 分，眼看就要被步行者拿到 3 比 1 领先。这时距离勒布朗拿常规赛 MVP 还不过一星期，命运的绝境便又一次袭来。

就在对步行者第三场只得 5 分后，一个问题出现了：为什么前一年总决赛还血气贯天的韦德，在 2012 年有如此之多的不稳定发挥？不是打得不好，常规赛，韦德每场 33 分钟内以 50% 命中率拿到 22 分、5 个篮板、5 次助攻、2 次抢断、1 个封盖。问题只是：他不太稳定了。

你可以归咎于他的肩伤、膝伤、腿伤。年过而立，这一切像白蚁啃食房子一样，销蚀了他的身体。但是，仅有这些吗？

事实是，韦德和勒布朗一样，在攻防两端都得消耗大量精力。每场 2 次抢断和 1 个盖帽不是凭空而来。为完成一次抢断，他得做无数次绕掩护、追奔、跳切传球线路；为了一次封盖，他得做无数次包夹、轮转、协防补位、加速冲刺从弱侧扑过去。球队要求压迫式防守，但压迫也是需要体力的。球队没有保护篮筐的好长人，他和勒布朗得负责做游弋补防。造了失误，他得跑快攻，跑完得立刻回防，在防守端做橄榄球安全卫那样的游动，每次投中球或上罚球线都得被推撞。

而且，韦德的打法其实需要持球。但为了让勒布朗持球，他得空切，得游走，得接到球迅速处理，而没什么机会单对单，用连续的晃动摆脱对手。他为什么要这么做？

2012 年 4 月，韦德在一次访谈中，说出了非常重要的一段话：

"我看到勒布朗赛前整理球衣的样子，看到他赛前怎么处理各种事。他是我看过心思最细的球员。我不想搅乱他的想法。"

他停了停，然后说：

"我不得不做一件对我来说最艰难的事，那就是，让出位置。许多人不理解，他们会说：'你干吗那么做？'对我来说，我想要更多地赢球，我不要得分王，我只想赢球。我觉得这句话必须由我来对勒布朗说：'冲吧，哥们，你是世上最好的球员，我们都会跟着你的。'我知道，我说了这话，他会放松一些。"

韦德和勒布朗是好朋友，所以勒布朗会来迈阿密。他了解勒布朗，而且他是那种为了赢球肯放弃一切的人。他知道勒布朗的问题在哪里，所以：

"我想给勒布朗机会,让他不用想太多。这就像我告诉他,'听着,我会自己想法子,你别担心我。你只要出去,去成为我们希望你成为的那种球员!'"

就像,在"鲨鱼"给他特许权之前,韦德从来不去冲击"鲨鱼"的地位;同理,他也不想干扰勒布朗。

他怕勒布朗想太多,于是他给勒布朗自由,于是,他也为勒布朗牺牲了很多,比如经常找不到自己习惯的节奏。而在对步行者第四场下半场,危机降临的时节,勒布朗连续几个球传给韦德,韦德忽然之间找到了节奏。

因为韦德明白了:勒布朗需要他。

于是,可怕的事情发生了:当双子星一起接管比赛的时候,热火是无法阻挡的。

第四场第三节,步行者一度领先到10分,忽然间风云剧变。勒布朗和韦德接管比赛,连续攻击。他们的战术像飓风一样简单粗暴,但又不可阻挡:勒布朗挡拆;韦德挡拆;勒布朗底线绕掩护空切;韦德底线绕掩护空切;勒布朗持球单打;韦德持球单打。在这六种套路里,两人随时连线。他们俩包揽了热火队第二到第三节的连续38分。第三节热火一共拿了30分,他俩28分。热火从51比61落后,一口气轰出25比5,反以76比66领先。巴蒂尔敏锐地感受到了血腥味:

"勒布朗有那种杀气。之后,德维恩也有了——他们俩同时发威时,对手会想撞墙而死算了。"

第四节,步行者不断追击,勒布朗和韦德回以反击。最后一分半,格兰杰三分得手,步行者追到91比96,但哈斯勒姆又一个关键中投得手,加上勒布朗三记罚球,热火锁定胜局,101比93。2比2平。

韦德全场30分、9个篮板、6次助攻,下半场暴风般的22分。哈斯勒姆6投5中得14分——他、勒布朗和韦德包揽热火队下半场55分里的53分。只是做英雄总有代价:比赛最后,韦德眼睛受伤了,得去

第四章 王者归来

与步行者的第四场比赛，勒布朗和韦德接管比赛，热火 101 比 93 击败了步行者，很多人想看到的步行者 3 比 1 领先热火并没有发生

缝针。

而勒布朗40分、18个篮板、9次助攻、2次抢断、2个封盖。他给了球队所需求的一切，在一场关键的生死之战里，打出了史诗级的表现。形势并不比去年夏天更惨烈。实际上，乌云刚刚散去。

第五场，两个戏剧情节搅扰了比赛。第二节初，韦德被步行者内线泰勒·汉斯布鲁打到头部，流了血；第二节后半段，步行者王牌前锋格兰杰扭伤脚踝退了场。上半场，热火以49比40领先，但第三节结束时，比分已是76比57，悬念失去了。

巴蒂尔首发后，找到节奏的勒布朗和韦德纵横无敌。勒布朗38分钟内19投12中得30分，还有10个篮板、8次助攻，韦德33分钟内17投10中得28分。查尔莫斯抓了11个后场篮板，巴蒂尔三分5投4中得13分。而且，热火队没有因为摆小个儿阵容而吃亏：篮板以49比35领先，巴蒂尔和勒布朗轮流防守步行者内线大卫·韦斯特，让他只得10分。韦斯特只剩这么句话：

"热火打着自己的节奏，我们根本止不住。"

第六场，德维恩·韦德不想再给步行者任何机会。上半场，韦德暴风骤雨，席卷26分，追平热火队史半场纪录，支撑住热火，没倒在乔治·希尔和大卫·韦斯特的攻击之下。热火扳回了上半场的11分之差，上半场最后一分钟勒布朗连续得分，让热火仅以51比53落后。第三节，热火打出大反击，一口气逆转。步行者一度追到66平，但此后热火缰绳抖开，一波13比3让步行者只能望洋兴叹。热火105比93击败步行者，韦德41分、10个篮板，勒布朗28分、6个篮板、7次助攻。步行者依然有五人得分上双，但抵挡不住这两个怪物。热火4比2击败步行者晋级东部决赛。步行者主教练沃格尔只能摇头：

"波什是个好球员，但他倒下后，意味着勒布朗和韦德能更多接球……对我们来说，真是不一定合算呢。"

然后他回忆了一下：

"自从第三场以来,他们打球的水准如此之高,我不知道还有谁能击败他们。"

接下来,2012年东部决赛:

五年里第四次,勒布朗遇上波士顿凯尔特人了。

东部决赛第一战,一场典型的热火队比赛。第一节,热火的断头台式防守打出21比11,其中勒布朗13分;但第二节,凯尔特人打出漂亮反击,35比25追平比分。可是第三节,热火再次26比15领先,然后,前三节得到12分的韦德第四节得到10分,锁定胜局。热火93比79获胜。凯文·加内特31分钟内23分、10个篮板,占尽了内线优势,但雷·阿伦和皮尔斯合计25投只有6中,只得18分。热火这边,韦德13投8中得22分,还有7次助攻,勒布朗32分、13个篮板,而且,热火全队篮板以48比33领先。

热火打得并非行云流水,但足够表现出他们的年轻和迅疾。全场最经典的一球是韦德抓到后场篮板,转身甩出23米跨场长传,勒布朗火车般冲到前场接球得分。那一瞬间,凯尔特人的老迈和勒布朗的健猛,就是一组完美的对比。

但是斯波厄斯特拉教练忧心忡忡,他了解凯尔特人不死僵尸般的坚韧。"他们只落后一场。他们还有机会拿到第二场,然后回到波士顿花园去!"

差点被他说对了。

第二场,凯尔特人的拉简·朗多——闪电手、防守天才、赛季助攻王、180厘米、长相酷似阿凡达、性格倔强坚韧甚至有些粗粝、素以不会远投著称的组织后卫——打出了一组史上未有的数据。他打满了53分钟——48分钟常规时间,5分钟加时。他最后的数据:44分、10个篮板、8次助攻。

热火没想到,一向喜爱组织的他会出来攻击。他站出来了,上半场就

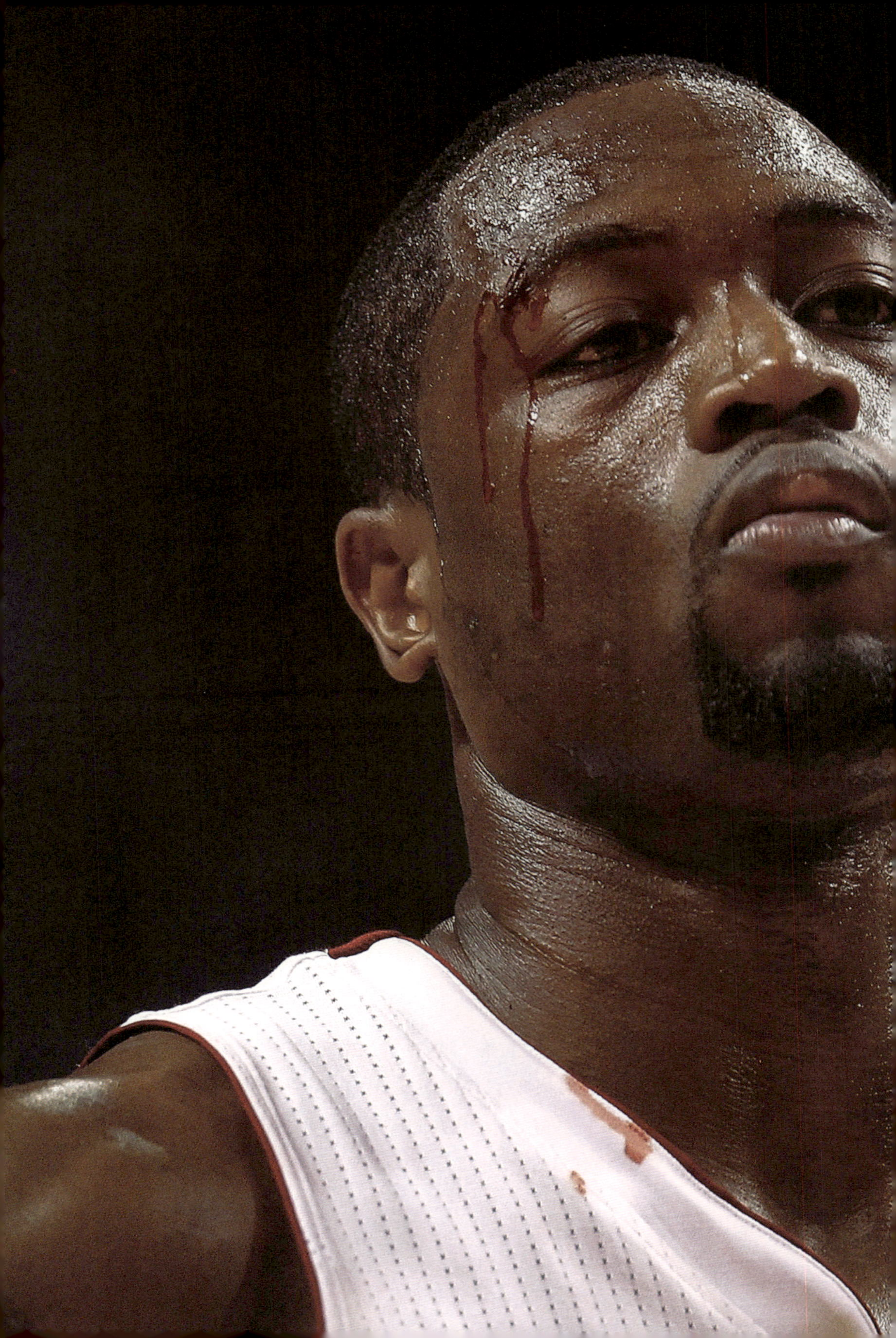

2012年东部半决赛第五场二节，韦德被泰勒·汉斯布鲁封盖的手打到头部，流了血

掀起波澜，热火上半场一度落后 15 分，最后以 46 比 53 进入中场休息，韦德上半场最后时刻才开始得分。然后是热火习惯性的第三节窒息反击：勒布朗的两记三分掀起了浪潮，韦德的连续跳投和哈斯勒姆的打三分完成反超，一波 35 比 22 的高潮。但凯尔特人依然生猛，双方犬牙交错，缠斗到最后一分钟。雷·阿伦带着受伤的右踝射中关键三分，双方 99 平，进入加时。加时赛，得到 21 分的皮尔斯已被罚下，朗多独自接管，包揽凯尔特人加时所有的 12 分。但热火那边，哈斯勒姆的扣篮和韦德的打三分，让热火在最后一分半稳住胜利。115 比 111，热火赢球。巴蒂尔为这场比赛目眩神驰："这是我参加过最伟大的比赛——不管输赢。"而勒布朗 20 投仅 7 中，靠冲击篮下造成 24 次罚球才得到 34 分、10 个篮板、7 次助攻，他说：

"朗多打得绝对匪夷所思。他今晚的表现会被书之史册。"

但不妨碍热火以 2 比 0 领先。

但是，他们的对手，依然是凯尔特人。

那年常规赛，凯尔特人场均 89 分失分联盟第二（仅次于公牛），限制对手命中率 42%（联盟第一），限制对手三分 31%（联盟第一）。季后赛，他们每场失分 85 分。无论常规赛还是季后赛，他们都是联盟防守第一队，尤其擅长控制三分线。

而且，他们依然是全 NBA 最坚韧的队伍。

第三场，凯尔特人上半场 55 比 42 领先，第三节结束时分差已是 85 比 63。第四节，热火孤注一掷，把勒布朗推上中锋位置，全队开始飙三分，追回了些分数，但于事无补。韦德 18 分，勒布朗 26 投 16 中得 34 分，还有 8 个篮板、5 次助攻，但对面凯尔特人则是皮尔斯的 23 分，以及凯文·加内特的 24 分、11 个篮板——就在这场比赛前，凯文·加内特的前队友沃利·斯泽比亚克公开说凯文·加内特缺少关键时刻的胆气，结果就是凯文·加内特打出了伟大表现，第二节倒地后还老夫聊发少年狂，做了几个俯卧撑。

第四战，凯尔特人前 25 记投篮命中 16 球，第一节 34 比 23 领先，第二节一度领先到 18 分。之后是迈阿密漫长的追分过程。斯波厄斯特拉教练果断换上诺里斯·科尔，代替查尔莫斯去防朗多，立竿见影。第四节剩 8 分 54 秒，勒布朗上篮，双方 74 平，之后就是互相缠斗。最后时刻，勒布朗一记三分球追平比分到 89 平，加时。

然后勒布朗被吹第 6 次犯规，被罚下了——四年来，勒布朗第一次被罚下。

双方加时就在一片犯规中延续。热火只得了 2 分，凯尔特人 4 分——最后 3 分来自于朗多的一记上篮和一个罚球。比赛最后时刻，韦德出手三分试图绝杀，未中。凯尔特人 93 比 91 赢球。里弗斯教练脸上浮现出意味深长的微笑。他知道，这是波士顿花园的幸运又一次庇护了凯尔特人。

"'红衣主教'是不会让那个球进的。"他说。热火 VS 凯尔特人，2 比 2。

两天后，天王山之战。热火终于迎回受伤已久的克里斯·波什，可是阻挡不了凯尔特人 94 比 90 获胜，凯尔特人领先到 3 比 2。因为谨慎，斯波厄斯特拉教练只许波什打了 14 分钟得到 9 分。结果是，凯文·加内特取下 26 分、11 个篮板，朗多 15 投仅 3 中但 13 次助攻。皮特鲁斯的关键三分为凯尔特人立功，他得到 13 分。皮尔斯 19 投 6 中得 19 分，但他射中了一个极关键的球。比赛最后 53 秒，皮尔斯左翼三分线单挑勒布朗。勒布朗的脚步防守到位，但皮尔斯还是投了一个高难度的三分球——得手后，他怒吼着跑回半场，一路吼着："对！我让你们得四个、五个、六个总冠军！"

显然，这是在针对 2010 年勒布朗加盟热火后，那段著名宣言："不是四个、五个、六个总冠军，我们的目标是许多个总冠军！"

离被淘汰只剩一步，而第六场得去波士顿花园打。

DWYANE WADE：THE WAY OF FLASH   侠道　韦德传

对凯尔特人的第一场比赛，韦德13投8中得22分，还有7次助攻，热火的年轻和凯尔特人的老迈在这场比赛里很好地体现了出来

第四章　王者归来

第二场，凯尔特人的拉简·朗多发挥神勇，打出了44分、10个篮板、8次助攻的数据，但最终热火115比111险胜

第六场，比赛剩 3 分 11 秒时，勒布朗在替补席上坐下了。此前他一直没有休息。他足足打了 44 分 49 秒，26 投 19 中，三分球 4 投 2 中，9 罚 5 中，45 分、15 个篮板、5 次助攻。

他第一节就 7 投 6 中得到 14 分，上半场他 14 投 12 中得到 30 分。他担负起了自己应有的责任。

韦德说勒布朗：

"他坚定得让我觉得都不认识了。他投中了不可思议的投篮。他上演了一场 MVP 级的表演，不只是得分、篮板还有防守，我们只看到他独自统治。"

勒布朗开场就果断连续远射，辅以追身跳投，第二节，热火每个球都找他背身打，而他随心所欲的都投进了，将 2011 年夏天苦练的结果完美展现。最重要的是，一如韦德之前所希望的：

"我想给勒布朗机会，让他不用想太多。"

托韦德的福，勒布朗没有想太多。韦德给了勒布朗自由，勒布朗于是奔驰起来。他行云流水，没有犹豫顾虑。他打出了 NBA 季后赛史上最经典的半场个人表演之一，打出了本人职业生涯最好的比赛。在背水一战，面对联盟最强的防守队伍，在 NBA 史上最历史悠久、见证过 17 个总冠军的波士顿花园，他掐住了命运的咽喉。

"在这样的气氛下，我想打一场声势浩大的比赛。"勒布朗说，"我想为我的队友而战，不管比赛里会发生些什么。"

趁着勒布朗的气势，第七场，热火和凯尔特人在迈阿密决生死。一切酷似前一年的第六战。比赛还余 8 分 49 秒时，热火 81 比 82 落后凯尔特人，随后，热火打出了窒息防守，让凯尔特人之后 11 投仅 2 中。而勒布朗第四节独得 11 分，韦德 9 分，波什 8 分——他们三人包揽了热火第四节所有得分。

勒布朗全场 31 分、12 个篮板，而且仅 2 次助攻。他疯狂突破篮下造了 17 次罚球，根本就不打算传球。热火 101 比 88 击败凯尔特人，4 比 3 赢下东部决赛。连续第二年打进总决赛。

"那，我们聚在一起是有理由的。"韦德说。

他们——尤其是他和勒布朗——各自牺牲了一切，为了总冠军。

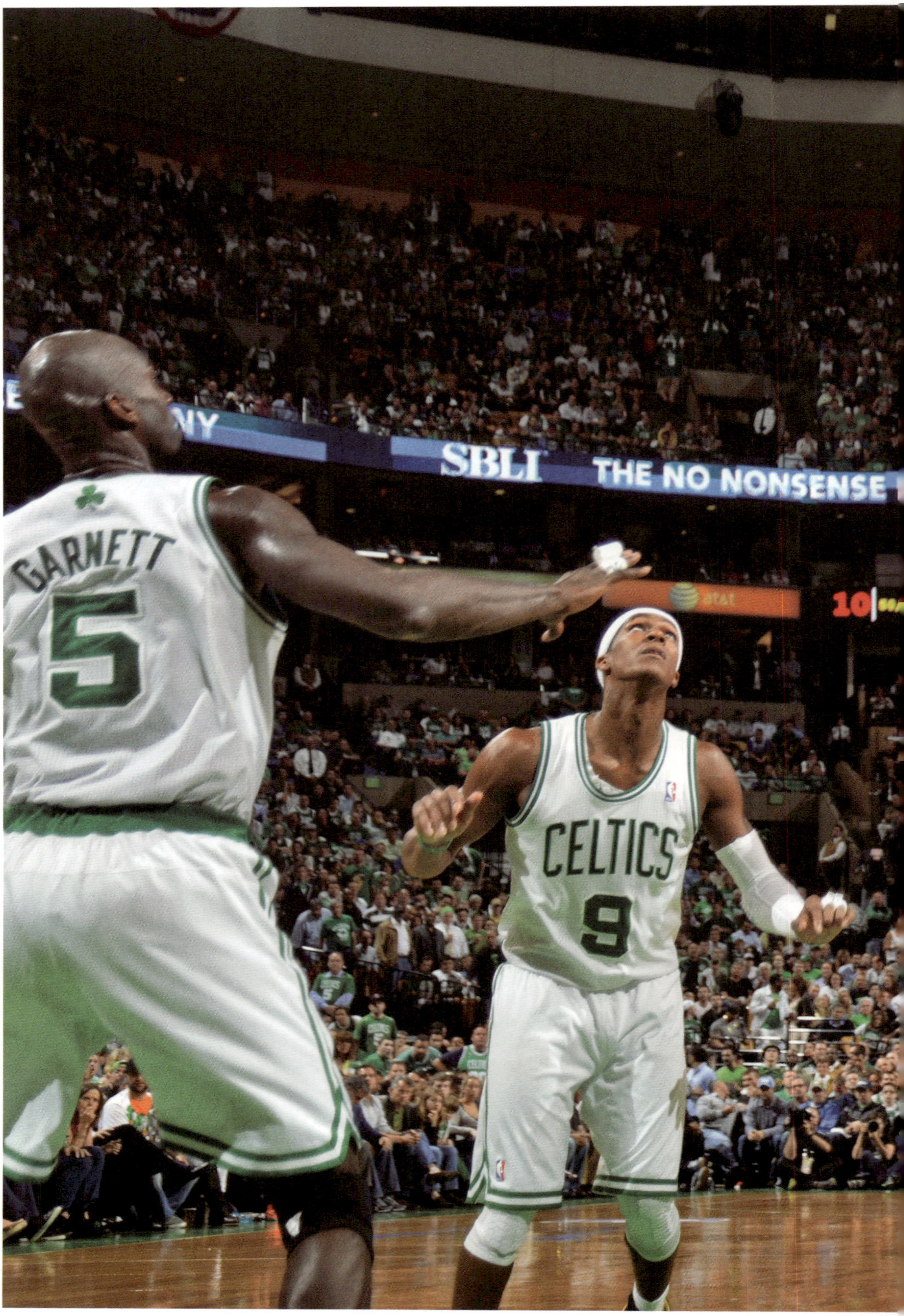
NY
SBLI
THE NO NONSENSE
GARNETT
5
CELTICS
9
10

第六场比赛，勒布朗打出了职业生涯最好的比赛，趁着勒布朗的气势，热火总比分 4 比 3 战胜凯尔特人挺进总决赛

12

第二个冠军

2012年总决赛：迈阿密热火 VS 俄克拉荷马城雷霆——自乔丹退役之后，参加过总决赛的西部球队只有三支：湖人（七次），马刺（四次），小牛（两次）。而雷霆这次冲破西部的顺序，恰好是：首轮击败小牛，次轮击败湖人，西部决赛击败马刺——他们恰好把西部三位旧王打了个通关。

乔丹退役之后的九年间，是"鲨鱼"（生于1972年）和邓肯（生于1976年）各分了四枚戒指，之后的四年，包括凯尔特人"三巨头"（生于1976年的凯文·加内特、1977年的皮尔斯、1975年的雷·阿伦）、科比（生于1978年）的湖人、德克（生于1978年）的小牛夺冠。

而现在，热火"三巨头"中，勒布朗生于1984年，韦德1982年，波什1984年。

雷霆三位年轻天才的出生年份：杜兰特，1988年；威斯布鲁克，1988年；哈登，1989年。

无论谁夺冠，都意味着NBA恢弘壮丽的"70年代"彻底结束。"80年代"的新王出场。

威斯布鲁克和韦德可能是联盟史上最有爆炸性的193厘米球员，屈指算来能跟他们比肩的也就是"天行者"大卫·汤普森。

雷霆的瑞士后卫索弗罗萨，在西部半决赛和决赛已分别对位了科比、帕克和吉诺比利，而且以他招牌的瑞士钟表般精密步伐+长臂挥舞完成了任务，而这个系列赛，他将对位韦德和勒布朗。

对热火来说，他们之前的征途，没有一支球队的进攻可与雷霆相比。雷霆摆上三大王牌时，有联盟最全范围无覆盖的外围进攻配置，而热火的篮筐保护，很大程度得依赖勒布朗和韦德的收缩盖帽。反过来，雷霆之前的征途，没有一支球队的防守可与热火队比。他们之前完美的失误控制和多点进攻，在热火的压迫防守下是什么样的？

对迈阿密来说，过去两年，他们一路靠天才、爆发力、逆天的单挑、暴风般的反击，踹平端庄严肃的东部。他们遇到过的系列赛对手，总是尽量拼防守、磨半场、转移球、远射、单挑内线来对付他们——包括去年西部来的小牛。但 2012 年，他们可能得第一次遇到一支以彼之道还施彼身的队伍。

2012 年，勒布朗依然是联盟最全面的球员之一。篮板、组织、下快攻、转移球，随时都让人觉得"他今晚可能要来个 40 分的三双"。而且，经过 2008 年以来的苦练，他的中远投进步巨大；他到篮下之后的招牌得分（左手擦板、右手抛射和小勾手）依然纯熟；他的无球移动聪明多了，后门偷袭、起飞、轰炸机式空接扣篮的时机把握和小技巧，比往日更好。

而杜兰特的持球进攻，进步极其巨大。他苦练运球，利用自己的大步幅来突破；他的罚球线内一步抛射开发了出来，他的中距离持球突破连跳投更加全面。总之，一如勒布朗练投篮一样，杜兰特也在竭力地完善自己的持球进攻。此外，虽然防守端和传球，杜兰特还是不如勒布朗，但他的努力，已经让差距缩小了。

2007 年开始，两个人站在风格的两极，然后互相接近。五年来，能突能传的勒布朗在修习投和跑，能投能跑的杜兰特在苦练突和传。2012 年，他们俩在巅峰相遇了。他们俩常规赛 MVP 选票是天下前二，而现在的问题是江山谁属？

2012 年总决赛第一场，开始，热火的防守策略，可以翻译成以下对白：

DWYANE WADE：THE WAY OF FLASH   侠道　韦德传

2012 年，勒布朗依然是联盟最全面的
球员之一

第四章　王者归来

杜兰特的持球进攻，进步极其巨大，虽然防守端和传球不如勒布朗，但杜兰特一直在努力缩小差距

勒布朗体能那么珍贵，哪能陪杜兰特捉迷藏？杜兰特借掩护空切，我们就用换防。哈登、威斯布鲁克和杜兰特真要持球挡拆，我们就上前夹击。放空雷霆三大内线伊巴卡、帕金斯和科里森！

反过来，雷霆的策略是：杜兰特防勒布朗、索弗罗萨防韦德，其他按部就班，但是为了对付勒布朗和韦德的可怕突破，盖帽王伊巴卡在弱侧时，不忘虎视眈眈注意弱侧。结果是，巴蒂尔和查尔莫斯弱侧就开火了。

热火首节一度领先11分。唯一的波折是第一节末，雷霆正灰头土脸，忽然连续防住两球，立刻心情澎湃。哈登一个跟跄后撤步投篮得分，22比29，结束首节。杜兰特赛后承认：

"那帮家伙，手感都热到燃起。"

巴蒂尔是热火的奇兵，在弱侧，他前7分钟就射落3记三分。第二节，热火一度领先到13分，但局势忽然逆转：前湖人老将、现任雷霆板凳，手握五枚戒指见多识广老辣成精的德里克·费舍尔忽然爆发，快攻得分，追身跳投，两个投篮，把雷霆即将崩溃的势头挽住了。上半场，热火54比47领先。

雷霆上半场被热火的防守端夹击、进攻端弱侧三分打得吐血，出现8次失误，但年轻人够顽强，下半场便醒过神来。防守端，雷霆开始逼失误打反击。杜兰特下半场总是在左翼横移，带空热火队中路防守，威斯布鲁克奋力突破，科里森和伊巴卡则趁乱在内线放火。第三节后半段热火队开始不顺，勒布朗接管比赛，大刀阔斧的突破上篮+力劈华山的扣篮，但巴蒂尔和查尔莫斯药效过了开始退散。热火的进攻开始单一化。威斯布鲁克第三节没休息，轰下12分，雷霆反超进入第四节，74比73进入第四节。然后，雷霆摆出三个关键的布置：

杜兰特开始接管比赛。

热火队改由巴蒂尔去防杜兰特。

索弗罗萨撤下韦德，去对位勒布朗。

勒布朗前两节半17投9中，但后7投只有2中。一半是因为他体力枯竭，一半是因为索弗罗萨第四节防守到位。而第四节雷霆摆开小阵容：杜兰特、威斯布鲁克、索弗罗萨、科里森、费舍尔。这套双控卫双翼侧单前锋效果奇佳。杜兰特第四节施展得分王威风，独得17分，全场36分。105比94，雷霆拿下总决赛第一战。

杜兰特20投12中得36分，还有8个篮板、4次助攻，威斯布鲁克27分、8个篮板、11次助攻。雷霆命中率高达52%。而热火那边，勒布朗全场只休息了130秒钟，24投11中得30分，还有9个篮板、4次助攻、4次抢断，韦德19投7中得19分，还有8次助攻。巴蒂尔17分、4个篮板，波什11投4中。赛后，斯波厄斯特拉教练说：

"他们不断袭来，他们不知疲倦。他们赢球的方式很像我们。"

第二场，热火队变阵：克里斯·波什重回首发。查尔莫斯＋韦德＋勒布朗＋巴蒂尔＋波什，这套班子，依然算小球阵容，没有一个实际的中锋。但热火明白，雷霆也没有内线巨人，他们可以用这套速度班子打球。

以及，和大战步行者后三场一样，韦德持球突击了。

热火开场第一球：韦德突破，助攻巴蒂尔三分球。随后是韦德逼雷霆换防，突破扣篮；韦德快攻扣篮，让热火13比2领先；韦德换防杜兰特，防守成功，反击中助攻巴蒂尔三分球，热火16比2领先。这是热火本场的重大胜利：他们一开局就把分差拉到两位数，雷霆只能一路苦追。韦德上半场11投5中得13分，还有5个篮板、4次助攻，他是毫无疑问的热火队造势者。反过来，在热火队小阵容的闪电战中，雷霆中锋肯特里克·帕金斯显得很多余：和上一场一样，他被热火的小阵容打得狼狈。防守端，他对热火的小阵容有点大象拍苍蝇。

雷霆上半场被韦德打晕，落后12分，然后在下半场照例开始大反击。第三节，杜兰特、哈登、威斯布鲁克联手发威，第三节结束时雷霆只落后6分。

然后，终于到巨星对决时间。

勒布朗第一节转变角色，在内线找背身单打的机会，上半场13投6中。

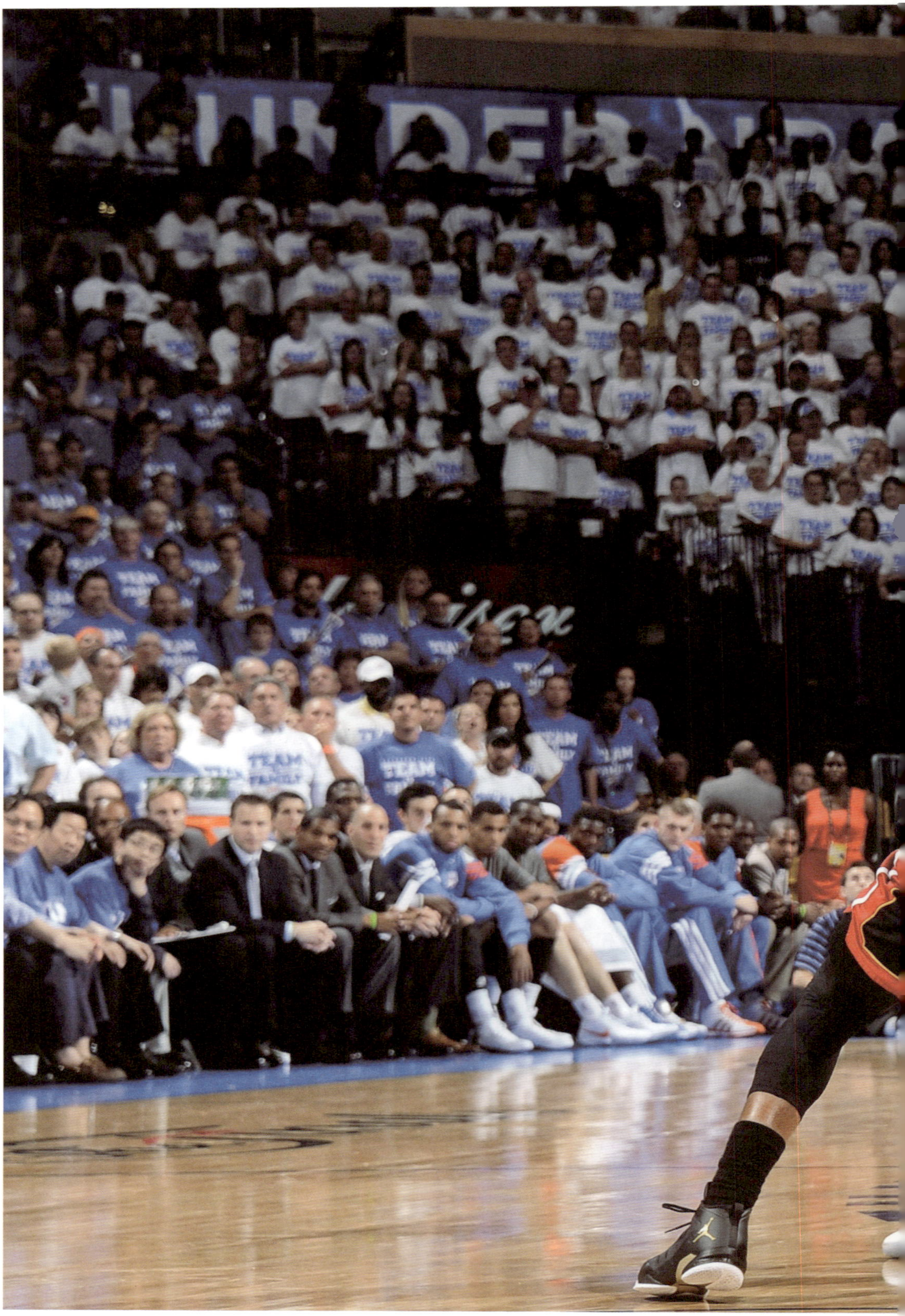
TEAM
FAMILY

总决赛第二场，韦德防守杜兰特很成功，热火 100 比 96 取胜，总比分 1 比 1

杜兰特开场远射毫无手感，加上犯规作祟，三分5投皆失，9投3中。但下半场，这两位又重新占据舞台。勒布朗突破后，上罚球线手非常稳，而杜兰特一度弹无虚发，直到第四节才手冷4投全失。

最后时刻，巨星对决还是出现了。

剩一分半时，勒布朗失去平衡射中16尺跳投，热火领先5分；杜兰特还以一个上篮，再一个三分球，热火只领先2分了；最后12秒，三届得分王杜兰特单挑三届MVP勒布朗。杜兰特突破、投篮，未中——"那投篮我总是投得进，偏这个没进！"杜兰特赛后说。勒布朗抓到篮板，剩7秒时完成两记罚球——全场12罚12中。比赛结束了。热火100比96取胜，总决赛1比1，热火抢回一个主场。

韦德24分、6个篮板、5次助攻，波什16分、15个篮板，巴蒂尔延续三分手感火热7投5中得到17分。勒布朗打了42分钟——他一个月以来最省力的一战——22投10中得32分，还有8个篮板、5次助攻。而雷霆那里威斯布鲁克27分、8个篮板、7次助攻，哈登21分，杜兰特继续不可阻挡22投12中得32分。勒布朗很得意于他冷静的12罚12中：

"在这样大的舞台上，每一分都要紧。所以我不想错失任何一个罚球。"

第三场，迈阿密。

数据看上去很吓人。热火全队命中率38%，细节统计则是篮筐以右跳投19次，投失19次。禁区外命中率16%。巴蒂尔三分球2投2中，而其他队友合起来11投2中。但热火还是赢了。

肖恩·巴蒂尔在第三场继续运用他的防守，而且由于他前两场那些匕首般的三分球，雷霆被迫扩防，于是勒布朗、韦德和波什包揽热火队前18分，第一节热火26比20领先。第二节，杜兰特和威斯布鲁克合计14分开始逆转，半场结束，热火47比46。

第三节比赛，转折点到来。前半段雷霆声势浩大，60比51领先，但韦德先一个快攻上篮得分，下一回合在篮下造成杜兰特第4次犯规，下去休息。此后，热火就一路暴风，把势头逆回来，再未落后。

这是韦德本场最关键的一个瞬间。

斯波厄斯特拉教练发了狠,韦德下半场撑满 24 分钟,零休息。勒布朗第三节只坐了一分钟,见杜兰特被换下,又回来了。热火打了一波壮丽的 15 比 3 反击波,领先 2 分进入第四节,然后,势头全被扭回。

第四节,热火打出本年度季后赛最好半场防守。防守端,勒布朗的挤过掩护和对球施压都很到位。78 比 77 僵持期间,雷霆进攻连续被逼乱。然后就是两记打三分。比赛最后,热火队又祭出打凯尔特人时使过的"韦德/勒布朗持球,波什挡拆,勒布朗/韦德弱侧偷袭"。之后索弗罗萨扣篮、威斯布鲁克中投都属于反击追身。半场防守方面,最后半节热火队只放杜兰特投中了一记右翼跳投。实际上,杜兰特第四节被勒布朗和波什追防到只差 4 分。热火 91 比 85 取胜,勒布朗 23 投 11 中得 29 分,还有 14 个篮板、3 次助攻,韦德 25 分,波什 10 分、11 个篮板。对面,威斯布鲁克 19 分,杜兰特 19 投 11 中得 25 分。热火 2 比 1 领先了。

韦德平静地说:

"去年,我不知道我们是否经验丰富到能处理一切突发状况。我觉得今年我们更了解状况了,我们能轻松处理那些问题了。"

毕竟,两队这么多天才,他的总决赛拼杀经验最为丰富。

2012 年总决赛第四场的前三节半很精彩。比赛一开始,雷霆就让索弗罗萨防勒布朗,威斯布鲁克对韦德,杜兰特防查尔莫斯。

以及,一如热火第二场放韦德发飙,这场雷霆也祭出了威斯布鲁克。第一节到一半,威少爷已经 7 投 5 中:追身跳投,面对勒布朗强拔中投,罚球线急停跳投,助攻伊巴卡。雷霆 13 比 3 开局,然后杜兰特、科里森再补几刀,勒布朗换去防威少爷,防不住,简直是去年总决赛的特里灵魂钻进了威少爷的躯体。第一节打到 33 比 16 时,雷霆已经压倒性领先。

第二节开始,勒布朗开始背身靠打内线。他 NBA 史上最天赋绝伦的身躯之一,终于开始碾压内线。加上诺里斯·科尔远射手感颇佳,热火开始缩小分差。雷霆被迫包夹勒布朗,勒布朗开始找空位射手。防守端,热

杜兰特和勒布朗的对决。在总决赛的第二场比赛中,两人都得到 32 分

总决赛第三场，热火 91 比 85 取胜，总比分 2 比 1，勒布朗 29 分，韦德 25 分

火的套路是塞住禁区，逼雷霆跳投。热火打了一波 16 比 0，追到了 32 比 33。之后双方你来我往。半场下来，勒布朗 10 分、8 次助攻——热火半场一共 9 次助攻。

第三节初，热火队再来一波 18 比 11，夺回主动。这段是韦德持球攻击，第三节开头就席卷 8 分。勒布朗继续在低位肉搏，传球。第三节后半段，雷霆决定不让勒布朗继续喂养其他人，于是勒布朗开始靠单打继续得分。到第三节结束时，热火 79 比 75 领先。而这 36 分钟里，勒布朗合计休息了 1 分 17 秒。从第三节后半段，勒布朗体能明显下降。第三节末一个 2 罚不中，第四节初一个 2 罚 1 中。于是，第四节变成了以下场景：

查尔莫斯 + 韦德 VS 威斯布鲁克。

威斯布鲁克是个烈火般的少年。他鲁莽、炽烈、没有指挥官意识，但他很勤奋。这一晚，他苦练的"火箭急升式强拔投篮"和他的疯狂突破，得到了好处。终场前 5 分钟，比赛依然难解难分，勒布朗忽然倒下了。

究竟他是抽筋还是拉伤，我们永远无从得知。韦德认为勒布朗是拉伤了。

勒布朗在替补席跪着拉腿时，你看得见那侧看台一堆球迷站起来。他们没看球赛，而在看勒布朗。没有勒布朗的热火被杜兰特补了两刀，以 92 比 94 落后。当时，镜头给到了枭雄帕特·莱利，他的嘴角往左下撇拉着。勒布朗在替补席没法站住，詹姆斯·琼斯撑着他的肩膀。

然后，勒布朗回来了。

他走路时一瘸一拐。他上场后没去对位杜兰特，而是去防了索弗罗萨。热火队负责持球的是韦德。然后，勒布朗在弧顶接球，运球调整。他对面的索弗罗萨，这时犯了个大错误：24 秒时间走得差不多了，勒布朗腿刚伤过，贴上去防才是。

索弗罗萨撤了一步。勒布朗投了记三分球。热火反超。

之后，他就完全暴露了身体状况。他投那记三分球已经是透支。他防守时趔趔趄趄。他投了一记偏到离谱的三不沾三分球。他被换下场，但他归来的那一小会儿，那记三分球，已经够热火撑到最后，104 比 98 取胜。

威斯布鲁克 32 投 20 中得 43 分，杜兰特 28 分。而热火这边，韦德 25 分，查尔莫斯 25 分，勒布朗 26 分、9 个篮板、12 次助攻。实际上，这场第二节，他已经开始觉得腿部有要抽筋的意思，于是他对场边说："给我点水。"在他投中那记抽筋状态一瘸一拐的三分球后，哈斯勒姆说："他是个自然伟力造就的怪物——但他依然是个人。"

就这样，在命运的关键时刻，勒布朗拯救了自己。热火没有倒下，还拿到了 3 比 1 领先。

2012 年总决赛第五场前，勒布朗说："去年总决赛第六场输掉后，我很挫败很受伤，因为我让我的球队输掉了，我很不成熟。去年，我打球是为了证明其他人错了，而非打自己的比赛……我去年对待媒体和每个看我打球的人都很不成熟。我学到了一件事，有人教了我这个，你生命中能拥有的最伟大的老师就是经验。在我这既短又长的职业生涯里，我学到了许多。"

在总决赛第五场那天早上，他只睡了五个小时就醒了。他打开了电话，他得找人谈谈。他给韦德发了短信，韦德立刻回了电话："我也睡不着。"他们谈了，然后，去打总决赛第五场了——

就像，当年"鲨鱼"和韦德赛前互相打电话一样。

开场，双方都很紧张。互相对球施压，失误 + 投丢。双方纠缠了一会儿，杜兰特使出罕见的背身靠打来对付勒布朗（勒布朗比他重起码 15 公斤）。随后勒布朗打破僵局。切底线上篮 2+1。快攻上篮 2+1。两个 2+1 后 17 比 10，雷霆暂停。

随后是杜兰特罕见的后转身突破扣篮，帕金斯罕见的背打勾手。

然后是迈克·米勒和诺里斯·科尔连续三个三分球。雷霆反击。杜兰特扣篮收尾第一节，威少爷一记 2+1 开始第二节。雷霆从落后 9 分，一口气追到 32 比 34。然后，热火用对球施压蟹钳防守，一口气 19 比 2。上半场，热火 59 比 49 领先。

DWYANE WADE：THE WAY OF FLASH

侠道　韦德传

总决赛第五场决赛后，勒布朗紧紧抱住
杜兰特，杜兰特哭了

第四章 王者归来

勒布朗拿到了自己第一枚戒指，以及总决赛 MVP，韦德则有了第二枚戒指。迈阿密热火成为 2011—2012 赛季 NBA 总冠军

下半场，雷霆开局声势威猛。杜兰特三分快攻时找到伊巴卡，但波什一个扣篮，加上勒布朗连续助攻查尔莫斯和巴蒂尔两记三分球，雷霆进攻再次被遏。

雷霆暂停，杜兰特再次发飙，把分差追到 7 分，然后就是热火一波 13 比 1，勒布朗连续助攻巴蒂尔和波什。打到 63 比 82 时，比赛其实已经结束了。

第三节中段，雷霆板凳上一片沉寂。索弗罗萨用毛巾围住脸。莱利在一个离过道不远的座位上，看到 82 比 63 领先时，做了一个销魂的闭眼微笑。

终场前三分钟，暂停换人一片哨子响起时，勒布朗把脑袋枕在波什肩上，然后下场，和所有人一个接一个拥抱。然后就一直看着时间走完。热火 121 比 106 赢球。勒布朗 26 分、11 个篮板、12 次助攻，三双收尾。

勒布朗跑过去，抱住杜兰特，用力地拥抱。勒布朗把头靠在杜兰特的右肩，杜兰特一副"我明白我明白"的样子，拍勒布朗的背。这次长得有点诡异的拥抱后，勒布朗过去抱住了帕金斯。

杜兰特哭了。在他的第一次总决赛上，他场均有 30 分、55% 命中率的伟大发挥，在结束战打满上半场，32 分、11 个篮板、5 次犯规、7 次失误，好也有坏也有，但你没法置疑他的拼劲。

但是结束了。迈阿密热火成为 2011—2012 赛季 NBA 总冠军。

勒布朗·詹姆斯，总决赛场均打 44 分钟，28.6 分、10.2 个篮板、7.4 次助攻、1.6 次抢断的全面表现，拿到了自己第一枚戒指，以及总决赛 MVP。

"你知道，我梦想成真了。这是我人生最美妙的一瞬间。"勒布朗说，"八年，不，我进 NBA 九年了，我终于能说我是个冠军，我用了正确的方式……你知道，我努力，然后努力获得了回报。对我来说，这是个伟大的时刻。"

韦德承认自己运动能力已经下降了——30 岁半，吓死人的伤病史。他无球攻击比以往都要多，中投手感起伏甚大。他还有膝盖积水。但是，他在 2012 年总决赛场均 23 分、6 个篮板、5 次助攻。他有了第二枚戒指。

"我们刚聚到一起时，觉得这一路会容易些。"韦德回忆 2010 年 7 月时，如此说道。

他自己在 2003 年入行，二年级成为巨星，三年级就达到了巅峰——关键时刻，一向当家做主的"鲨鱼"推了他一把，让他飞龙跃天。但之后，他遭遇命运的波折，跌入深渊。可是他耐心地支撑着，直到迈阿密热火重建，直到勒布朗与波什的到来。他是球队的灵魂，却肯将大权让给勒布朗，一如当年"鲨鱼"将大权让给他似的。

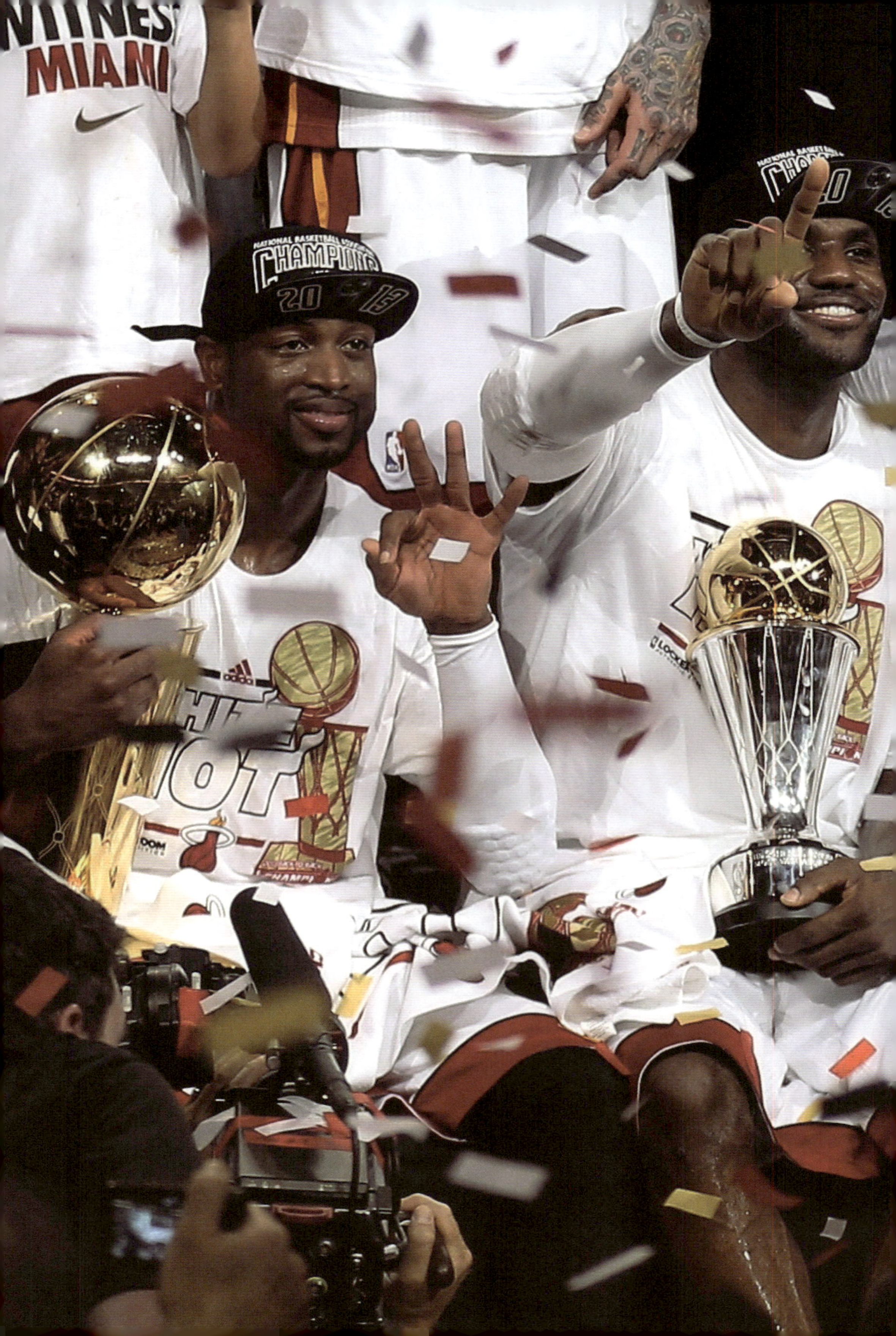
MIAMI
CHAMPIONS
20 13

第五章

成功卫冕

13

成熟

2012 年夏，勒布朗随着美国队去了伦敦，与 2008 年一样，拿回了又一个奥运会冠军。

迈阿密这边则在做调整。莱利看得很明白：2012 年总决赛，热火先输一场，于是变阵，连翻四局，逆转夺冠。后四场，他们的首发是查尔莫斯、韦德、勒布朗、巴蒂尔、波什。

没有中锋——或者说，没有传统意义上的中锋。

全联盟都看在眼里：热火缺内线、少巨人，中锋位置就像缺了颗牙，空荡荡露着牙床。于是 2012 年夏天，费城 76 人招募了安德鲁·拜纳姆，洛杉矶湖人哄来了德怀特·霍华德。

热火签来了勒布朗的老对手，当年在凯尔特人屡屡与其交手的雷·阿伦，当年随着魔术淘汰过骑士的射手拉沙德·刘易斯。

迈阿密热火内部对雷·阿伦的到来很热情。2012 年 9 月，老队长哈斯勒姆大咧咧地说：

"我之前在训练时，找到机会和雷·阿伦聊天，解释了我在这支球队里的角色。我告诉他，我们作为对手打比赛时他所看到的我，不是真的我，那只是比赛的一部分罢了。我们沟通过后，就没有任何敌意了，准备并肩作战。"

身为当时 NBA 投中三分球最多的杀手，雷·阿伦认为热火最大的优点乃是"投篮火力众多"。

与此同时，斯波厄斯特拉教练特意提醒克里斯·波什：夏天，千万别加体重！

这意思是：热火希望保持足够的灵活性。依靠三分群，依靠速度，打垮对手。

莱利就是这么想：

压迫、加速、跑，在高速对抗中，把球员的个人能力发挥到淋漓尽致。防守端，波什站一个假中锋位置，对手如果外围攻击，韦德、查尔莫斯、勒布朗、巴蒂尔们都可以应付；如果对手攻击内线，那韦德和勒布朗的包夹就立刻来了。

当然，这种"无位置篮球"，很理想，但操作不易。

2012年11月2日麦迪逊花园主场，纽约尼克斯揭幕战，首节就以33比17领先上赛季冠军热火。全场尼克斯104比84，赢了20分。尼克斯全场比赛，三分球36投19中。

这是迈阿密热火新赛季，第一个不祥的阴影。

赛季打了半个月，热火的"无位置篮球"也初见端倪。好处自然是人人皆可跳投，有勒布朗和韦德居中调停，进攻端可以行云流水四面开花。坏处也明显，和所有小球路数一样，内线缺身高，没厚度，防守依靠快速夹击。一旦对手传球快、三分准，热火就倒了霉。

因为，热火本身的防守体系，是莱利一系的断头台式套路。夹击持球者，局部二防一，空位靠轮转。这体系的好处是，便于抖擞球队龙精虎猛的肌肉和速度，善造反击机会，对付不善处置包夹的球队，三两下就能将其摧枯拉朽；坏处是，不管轮转多快，永远会漏一点空位。

而且，人不是机器。

拿到2012年冠军后，热火似乎犯了点冠军的富贵病。全队经常都是一副得过且过，带着"你要投就投吧，投进了算你的，投不进我还抓篮板直接推快攻呢"的侥幸心理。

进入2012年12月，哈斯勒姆替下巴蒂尔，成为首发。热火开始赢

2012年11月2日，与纽约尼克斯的赛季揭幕战，尼克斯104比84战胜热火，对热火来说，这是一个不祥的阴影

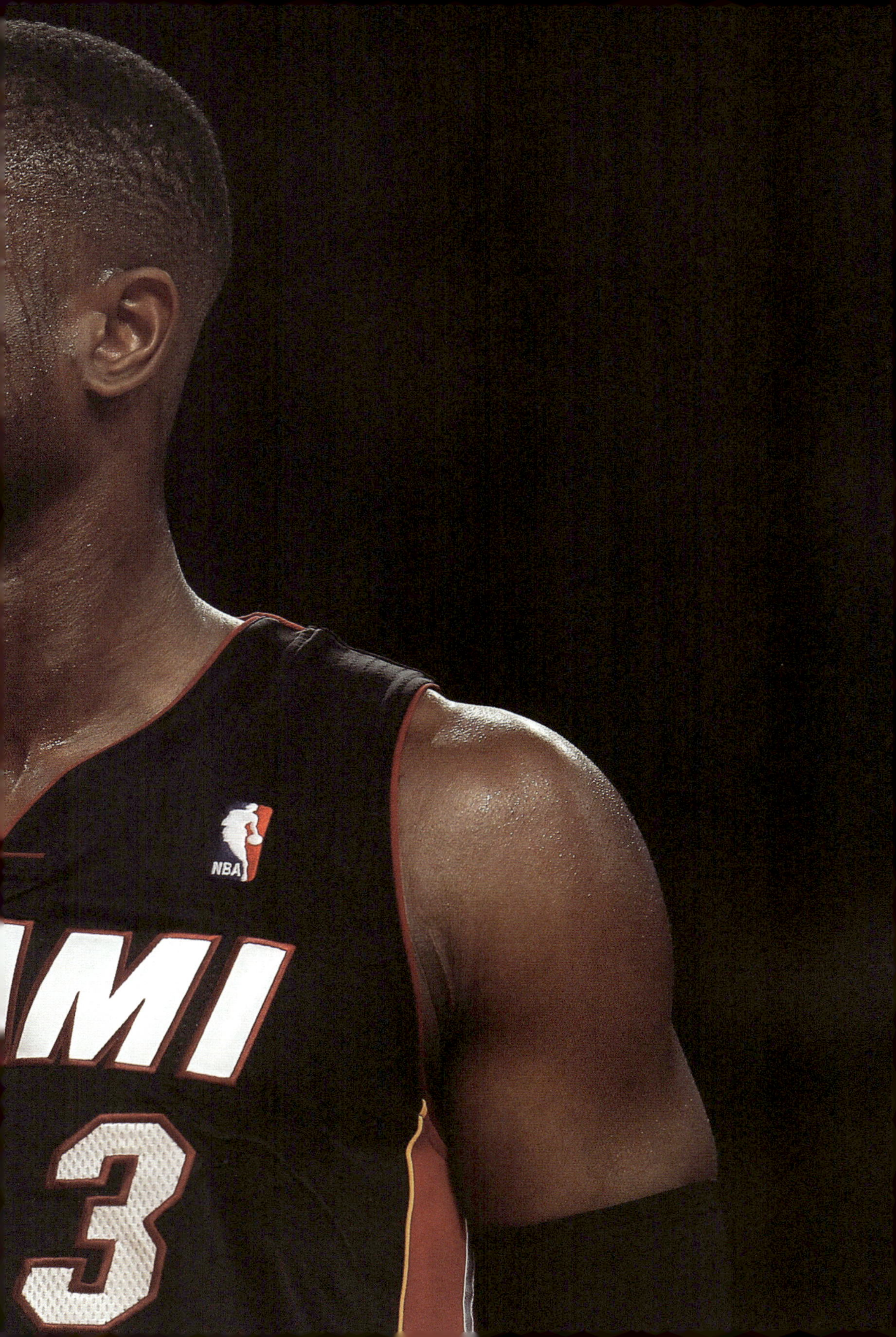
NBA
MI
3

球，但还是起伏不定。2013 年 1 月 8 日，77 比 87 输给崛起的印第安纳步行者后，勒布朗神色阴沉地走回更衣室。2 月 1 日，热火再一次 89 比 102 败给步行者，全联盟交头接耳：

难道，2013 年的步行者，已经成了热火的克星？

然后，风向变了。

2013 年 2 月 3 日，热火在多伦多击败了猛龙，首发依然是勒布朗 + 韦德 + 哈斯勒姆 + 波什 + 查尔莫斯，没什么花样。情人节那天，他们在客场击败上季总决赛的对手雷霆，杜兰特独得 40 分，但勒布朗 39 分、12 个篮板、7 次助攻，更重要的是：热火在上半场就以 63 比 46 领先。这一晚，热火完成了七连胜。

但还没结束呢。

全明星后，热火继续浩浩荡荡的连胜。3 月 10 日，他们主场 105 比 91 干掉了步行者，"步行者是勒布朗克星"的论调一时熄灭。但还没完呢。连胜在继续着。热火平静地把全 NBA 打了个遍，无数历史纪录飞速退向身后。

因为 2013 年 1 月，34 岁半的克里斯·安德森，签约了迈阿密热火。2013 年 2 月，他成了球队主要轮换成员，每晚打个 15 分钟而已。

克里斯·安德森是个加州的热血青年，打过一年大学篮球，21 岁那年甚至跑来中国，效力于 CBA 的江苏南钢队。2001 年他长到 208 厘米身高，打上了 NBA，基本从没站过首发。他给自己起了个绰号叫"鸟人"，还留了个让人过目不忘的鸡冠头。

他是如何改变迈阿密的呢？

看着迈阿密热火浩浩荡荡的连胜，德克·诺维茨基认为，现在的热火，有些像当年的小牛：

"不只是运球突破啊……他们用那么多射手来拉开空间。"

2013年春天的热火是什么样的呢？一个最典型的阵地战套路是：两翼射手展开；勒布朗和韦德两翼站着；球队双内线高位连续掩护，然后走开——哈斯勒姆常站在俩底角，波什在弱侧罚球线；射手移动；勒布朗从右翼切到左腰；韦德利用顺下的内线（安德森、波什、哈斯勒姆）做掩护墙开始往内线绕；球在弧顶运转，快速找翼侧空位；如果不得手，那么勒布朗或韦德出来，接个球，叫个挡拆，同时另一个人从弱侧向空位移动——主要是突袭篮下。

有许多套路是类似的，比如：

勒布朗左腰背身接球，然后转移弱侧三分线外，除了不来个金鸡独立式投篮外，他和德克做着类似的活儿——左腰轴。

比如，韦德的底线内切和腰位横移和马里昂当初的套路类似。

巴蒂尔自己？翼侧定点远射、弱侧接应、防守怪物，类似于小牛当年史蒂文森的定位。

而"鸟人"安德森呢？巴蒂尔说："他起着小牛泰森·钱德勒般的作用。"

回想起2011年总决赛，热火最明显的问题：韦德单挑时，勒布朗看着。实际上，那个赛季，热火一直没解决勒布朗和韦德的球权问题。事实明摆着，他们俩是当世两个最好的持球突击 + 分球手，但只有一个人能拿球。

于是，勒布朗和韦德为了球队，分别转型。2011年夏，勒布朗跑去找了"大梦"，学会了背身；韦德修习无球走位，把自己当汉密尔顿 + 马里昂处置。2012年，这一套夺冠了，而2013年，他们俩更兼容了。

因为勒布朗的进步与韦德的牺牲，球转移开了，攻击点开放了，全队移动了。

"鸟人"的加入，让热火多了个守能站内线、攻能内切篮下 + 前场篮板的家伙，而且内线多了轮换的可能；哈斯勒姆加入首发，既保护了篮板，又能当掩护墙和牵制使，而且同样让热火便于筹措轮换时间。

于是迈阿密热火成型了。

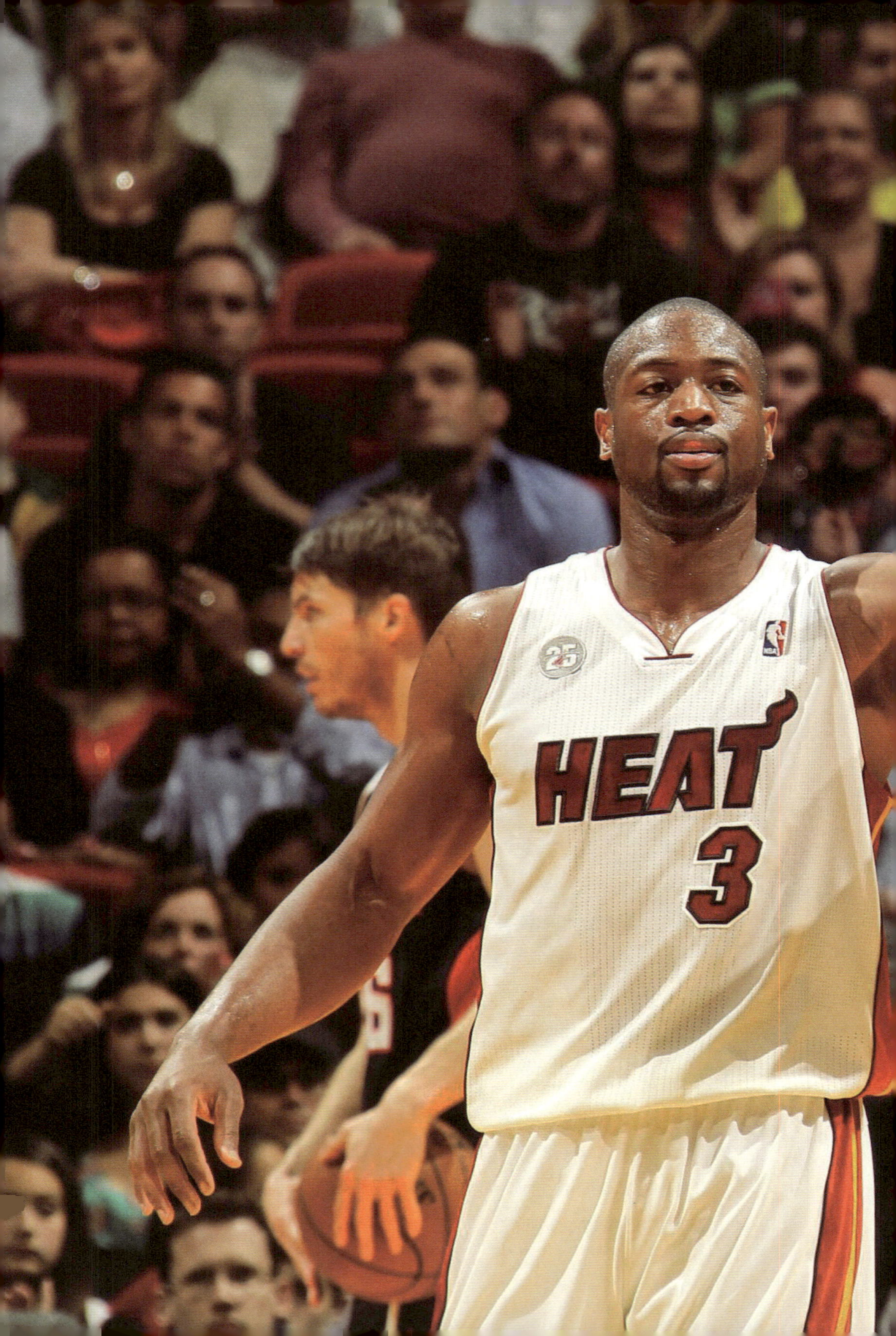
HEAT
3

"鸟人"安德森的加盟,让热火多了内线轮换的可能

直到 2013 年 3 月 26 日，热火的 27 连胜才在芝加哥告终——这是 NBA 史上第二长的连胜纪录，前面只有 1971—1972 赛季，洛杉矶湖人的 33 连胜可以媲美。

2012—2013 赛季结束，热火取下常规赛 66 胜 16 负。而且，他们终于可以摆脱"三巨头+他们的跟班们"的名头，成了一支浑然天成的球队。

其中的秘密，除了小球阵容、三分群和"鸟人"安德森，自然，还是两大王牌。

德维恩·韦德在 2013 年，满 31 岁了。这是得分后卫们的坎儿。这个年纪，乔丹和科比都开始修习背身单打，不再飞天遁地。他们都是飞人，高兴时可以在球场上空轰炸机一样俯冲投弹，但到了而立之年，他们也会被岁月追上。而韦德比他们，还多了漫长惨烈的伤病史。

事实是，韦德在常规赛，依然能每晚得到 22 分，还有 5 个篮板、5 次助攻，投篮命中率更是职业生涯最高的 52%。他的心得，在 2012 年 4 月，ESPN 一个访谈中说透了。

"我很想对勒布朗说：'听着，我会找到办法，别为我担心。你只要按你想的那样打球。'"

他是这么说的，也是这么做的。但有许多细节，是技术统计无法追到的。

帕特·莱利曾说韦德是"矮了 5 厘米的迈克尔·乔丹"。直到 2007 年那次重伤之前，他都是篮球史上屈指可数的突破怪物之一。他有数之不尽的攻击手段：双胯下运球、停顿、大幅度拉球、垫步反向运球、投篮假动作后第一步切入、接球跳步假动作连突破、欧洲步上篮、晃右突左来随意得分。但这一切，都需要持球。

问题是，勒布朗也需要持球。

结果是：

2008—2009 赛季，韦德每场完成 4.9 记上篮或扣篮，其中只有 1.4

次来自队友助攻；2012—2013赛季，韦德每场完成4.6记上篮或扣篮，其中有2.6次来自队友助攻。

为了让勒布朗自由，韦德牺牲了自己的球权。他的无球走位大大增加，他在弱侧两翼飘荡，用快速地变向和变速摆脱对手，接球，迅速完成上篮。他偷反击快下的时机越来越多，几乎每场必有两次偷下、接球、助攻勒布朗跟进扣篮。他的"弱侧切向强侧+跳步接球+拔起中投"越来越多了。

持球攻击能力，决定着一个球员担当一把手的素养，而无球走位的积极，则能让他成为一个更好的队友。31岁的韦德，用无球走位和轻巧上篮，来代替以往的高难度欧洲步上篮和"韦德摔"，而且成全了勒布朗的自由指挥。比起2008—2009赛季那个神挡杀神、佛挡杀佛的得分王韦德，2013年的他缺些一往无前的杀气，但杀气并未减弱，只是暂且纳进了刀鞘；大多数时候，他只是成了一个更隐蔽、更利落、更杀人不见血的杀手。

于是，也成就了勒布朗的终极进化。

2012—2013赛季常规赛，勒布朗出赛76场，场均37.9分钟、26.8分、8个篮板、7.3次助攻，命中率57%、三分率41%、罚球率75%，还有1.7次抢断、0.9个封盖——第四个常规赛MVP。

最可怕的自然是57%的命中率和41%的三分率——这是前所未有的。

他依然是联盟最好的持球突破手、最顶尖的组织者，在外围协防和单防都是联盟顶尖，又加上了恐怖的背身。剩下的，就是完善各类技巧了。

他几乎没有投篮死角了。

他的无球移动更狡猾了。比如，他懂得如何做掩护给队友挡拆，如何要到内线位置，他也懂得如何从弱侧底线起速，接应韦德的传球。如今，他已经不需要时刻持球在手，他可以从右翼启动内切，然后到左腰去要位，背身持球，然后轻松转移弱侧——任何地点，是否持球，他都能影响比赛了。

面筐进攻、背身进攻、外围远射（尤其是右底角的三分球）、中距离单挑、无球走位，这些技巧环节，他都能应付裕如；他能够随时客串任何位

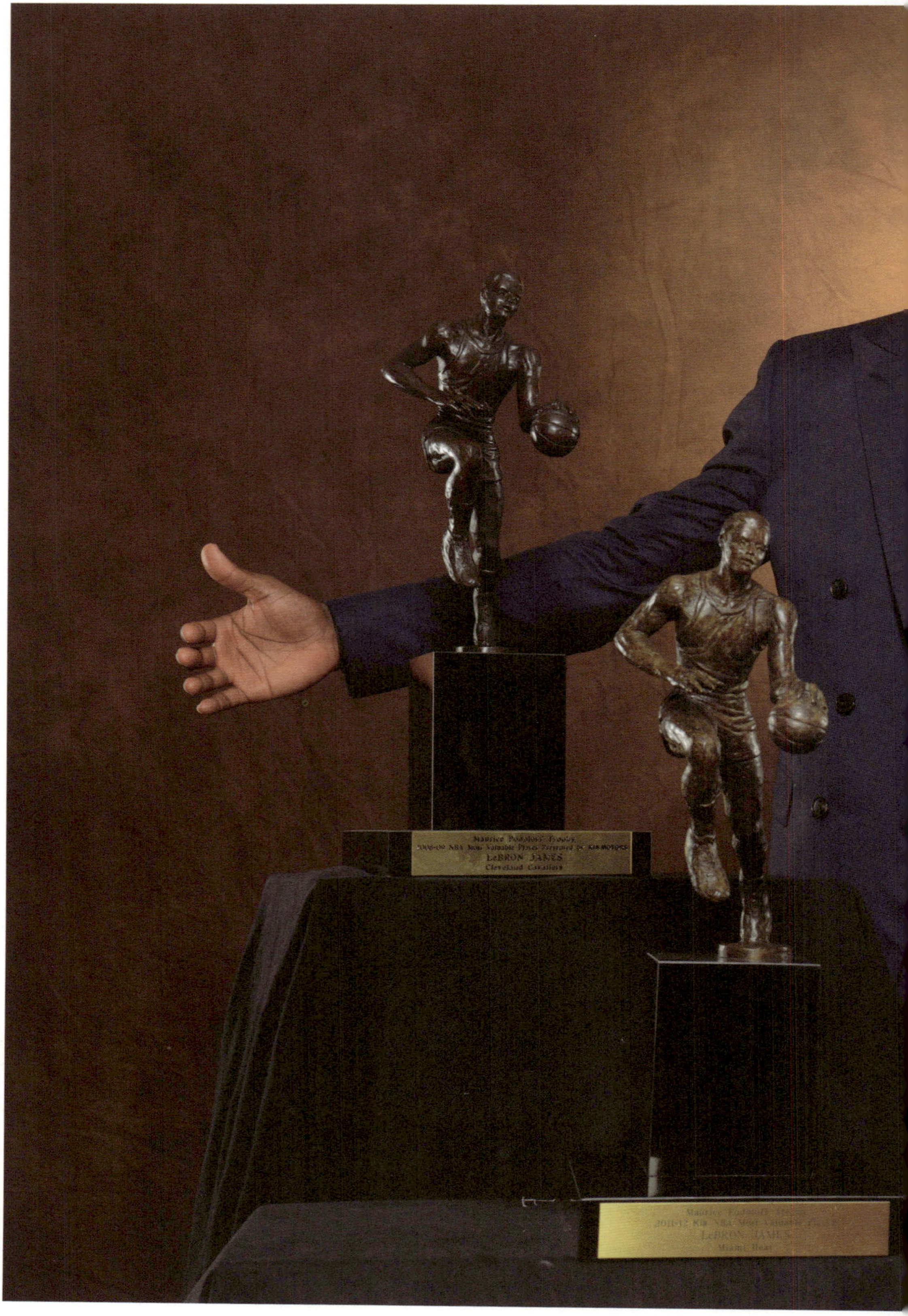
LeBRON JAMES
Cleveland Cavaliers

2013年5月5日，勒布朗捧到了自己第四尊常规赛MVP。这个赛季，勒布朗出赛76场，场均37.9分钟、26.8分、8个篮板、7.3次助攻，命中率57%、三分率41%、罚球率75%，还有1.7次抢断、0.9个封盖

置，或防守任何位置。最重要的是，当年步伐粗糙、过于刚猛、经常刹不住车的勒布朗，如今举手投足，都已能随心所欲了。他未必有 2009 年那么猛锐冠世的迅速，但却更游刃有余。

2013 年 5 月 5 日，勒布朗捧到了自己第四尊常规赛 MVP。他是常规赛 27 连胜合计 66 胜球队的得分王、篮板王、助攻王，他在颁奖时把时间留给了母亲和未婚妻。

"我小时候可不太好伺候……长大后才意识到。但我妈妈每年圣诞节总会给我准备礼物，总会尽量满足我的每个要求……感谢你们的牺牲，让我在每一天都过得那么出色。"

关于他打篮球，只有一句话：

"我只是想在每一晚的比赛里，都表现得像是最好的球员。"

说这些话的时候，热火已经蹚过了 2013 年东部季后赛首轮，4 比 0 干掉了密尔沃基雄鹿。

但一天之后，勒布朗不太愉快，热火在东部半决赛首场，86 比 93 输给了芝加哥公牛，公牛第四节得了 35 分。锡伯度主教练并不得意：

"我们知道热火有多强，我们只赢了一场而已，我们还得打得更好。"

但他们没机会了。

第二场，MVP 勒布朗·詹姆斯上半场就得了 19 分，下半场基本休息：热火 115 比 78 血洗公牛。之后他们也没给公牛机会。唯一的波折出在第三场。热火的刚硬作风让公牛无法再占到优势时，怒火让公牛老将纳扎尔·穆罕默德失了理智：他将勒布朗一把推倒在地，自己被罚出场。

"你没法用漂亮的打法得冠军，你得打得脏些。"波什如此总结。

热火连扳四局，解决了公牛。波什在一片肉搏中摇头：

"我们应该翻越了最强悍刚猛的对手。"

但是他错了。

2013 年东部决赛，迈阿密热火遇到了印第安纳步行者。

2013年季后赛前两轮,热火赢得无风无浪。令人恐怖的是,他们的命中率高达49%,联盟第一;他们的对手命中率只有41%,同样联盟第一。热火打得克制而有效率。他们陪着雄鹿和公牛,打对手喜欢的慢节奏,但还是能赢球。

但在东部决赛第一场,热火就遇到了麻烦。比赛最后时刻,勒布朗切出到三分线接球,立刻翻身,左手运球,以他冠绝天下的、速度和力量的混合体,加上非人类的爆发力,几乎是用肩膀,扛过了联盟第一外围防守保罗·乔治,插入禁区,收球,跨步,起跳,赶在对方补位前,左手上篮:球进。

迈阿密热火以103比102,经历一个加时,险胜步行者,拿下第一场。

全场比赛,步行者没给热火留任何面子。希伯特控制了禁区,步行者其他人封锁三分线,结果是热火全队三分球18投5中而已。韦德与波什都在挣扎,勒布朗全场30分、10个篮板、10次助攻的三双,可对面保罗·乔治27分、5个篮板、4次助攻,加上韦斯特的26分,硬把比赛拖到生死之际。步行者主帅沃格尔简单陈述:

"我们就是用了无限换防阵容,逼迫热火每次进攻都以强行跳投结束。"唯一的缺失呢?"最后一球,我们施压太过了,勒布朗还是可以运球干掉我们的。"

第二场最后一分钟,勒布朗两次看到机会传球,但大卫·韦斯特两次抄球得手。步行者在第四节打出13比5,97比93终结比赛。1比1。罗伊·希伯特控制了禁区:218厘米的他得到29分、10个篮板,让热火得重新思考他们是否做对了——他们理想主义的快速篮球,真的正确吗?

"我们本该是2比0领先!"希伯特在为第一场勒布朗的绝杀愤愤不平,但乔治·希尔觉得他们够幸运了:

"比起勒布朗来,只有一个人更可怕——嗯,就是上帝。"

事实是,勒布朗全场20投14中得36分,还有8个篮板、3次助攻,但有5次失误,包括最后一分钟的两次。波什和韦德则效率不高,而且无

东部决赛第一场，热火 103 比 102，经历一个加时，险胜步行者

步行者在第四节打出 13 比 5，97 比 93 终结比赛

法染指禁区。

　　第三场，在印第安纳波利斯，双方在第一节你来我往地纠缠，但勒布朗在第一节末抢断扣篮，第二节，他凶猛地背身单打，再加上解放了韦德：第二节，韦德前场篮板打三分、助攻"鸟人"安德森的扣篮、接传球上篮，结果热火上半场得到了华丽的 70 分，仅有 1 次失误，全场 114 比 96 取胜。他们用速度和行云流水的传球，摧毁了步行者的大盾坚阵。

　　然而步行者的学习能力很强。第四场，希伯特 23 分，最后 5 分钟，步行者再次大逆转，13 比 3，最后 99 比 92 击败了热火。双方 2 比 2。

　　勒布朗在最后时刻一个三分球得手，但步行者好战的史蒂文森突破得手。下一个回合，勒布朗掩护犯规，第 6 次犯规被罚下场。史蒂文森深为得意，觉得"勒布朗对我挥之不去啊！"

　　勒布朗没让史蒂文森得意多久。第五场，他打出了沃格尔教练认为"很特别"的一场比赛，全场 30 分，包括第三节 16 分。热火 90 比 79 取胜。但第六场，同样是第三节，步行者还以颜色，迅速拉开比分锁定比赛。保罗·乔治得到 28 分。勒布朗得到了 29 分，还有 7 个篮板、6 次助攻，但韦德与波什合计只得到 15 分，16 投 4 中。

　　"我们很尊敬他们的文化，他们的团队，他们的配合方式。我们今晚没打出我们最好的篮球。"步行者的沃格尔教练永远谦虚谨慎，但意思很明白了。

　　"我们会在第七场打好的。"

　　而勒布朗知道，第七场该怎么做。

　　"比赛的第一个回合，我给韦德叫了个战术。他没投篮，但他在禁区一带接球了。之后，我早早地让他在比赛里多参与了几次配合，让他找到比赛感觉。"

　　第一节，热火落后 2 分，但韦德找到手感了，步行者则被逼出了 9 次失误。第二节，热火终于在步行者的铁丝网防守前找顺了气。勒布朗明白：

"他们对我们的防守压力毫无办法。"

于是，施压，提速，一波组合拳，热火革命性的速度篮球，将步行者的传统半场摧毁了：一波 11 比 2 拉开比分。当分差拉开时，热火的气就顺了，而步行者开始散乱。

"他们教了我们一课。这支球队拿过冠军，他们知道什么时候该怎么打。"

上半场热火 52 比 37 领先 15 分，全场 99 比 76。迈阿密热火艰难，但有惊无险地，4 比 3 击败印第安纳步行者。连续第三年闯入总决赛。这次的对手，是圣安东尼奥马刺。

DWYANE WADE：THE WAY OF FLASH　　　　　　　　　　　　　　　　　侠道　韦德传

与步行者的第三场比赛，勒布朗突破扣
篮，热火全场 114 比 96 取胜

第五章 成功卫冕

东部决赛第七场，韦德的手感回来了，这一场韦德 17 投 7 中得到 21 分，还有 9 个篮板、1 次助攻、1 次盖帽、2 次抢断，热火 99 比 76 获胜，连续第三年挺进总决赛

14

给膝盖的香槟

2013年总决赛前，勒布朗说，他没有忘记，自己的第一次总决赛，就是2007年被马刺横扫。

"我记得2007年他们做的一些事：在我们主场干掉我们，在我们主场庆祝。我不会忘记的。如果你是个斗士，你就不会忘记……这是同一批人马，差不多，同样的'三巨头'，还有波波维奇教练。我期待再一次的挑战。"

然后，2013年6月6日，迈阿密，总决赛第一战结束了——马刺92比88取胜。担当嘉宾解说的"魔术师"总结说：

"马刺'三巨头'表现得比热火队'三巨头'好；马刺角色球员发挥得比热火队角色球员好。所以马刺赢了。"

马刺赢得很险：第二节末，邓肯斜身压哨投篮得手；第三节末，吉诺比利骗到一记关键犯规；第四节最后时刻，帕克在右翼，已经单膝跪地了，还是强行起身，抬头，让过勒布朗遮天蔽日飞鹰展翅般的封盖，投篮出手——压着24秒限时擦板命中，为马刺锁定胜局。

事实是，马刺很幸运。他们命中率42%（热火44%），三分率30%（热火32%），只有6个前场篮板（热火9个）。他们依靠着总决赛单场最好的4次失误，18罚15中的稳健罚球，以及每节尾声都能有一次的幸运投篮，赢下了比赛。

实际上，比赛前三节，热火以72比69领先，比赛质量极高。第一节双方各2次失误，第二节双方0失误，第三节双方各2次失误，比赛如行云流水。双方都想挣脱对方的局部夹击，于是快速转移球到空位来展开攻击。马刺全场投了 23 记三分球，热火 25 记。双方充满了快速转移和急速移动，但其间又花式众多。

开场，马刺显然有备而来。先被韦德反击扣了一个，但随后帕克空切后中投、莱纳德反击中绕掩护造罚球、邓肯和帕克挡拆后转移弱侧格林远射、帕克边线和斯普利特挡拆后投中——四记掩护，花样不同。马刺 9 比 2。

第一次暂停后，热火开始突破分球。他们明白了马刺的策略是收缩弱侧以备随时保护禁区，于是查尔莫斯和波什不断中投。同时，热火开始用换防，逼马刺单挑，不留空位。而且细节上，热火做得很到位：锁投篮，放突破机会，让格林和邓肯突破——反正禁区有人等着。等马刺 13 比 15 落后，热火开始夹击帕克：大概看出邓肯手感不好了。而邓肯也换招，开始做高位传球机器。与此同时，马刺用吉诺比利挡拆挑韦德。

第二节初，热火一度险些终结比赛：勒布朗带领热第二阵容诸位射手，暴雨般远投。幸而邓肯归来，单挑哈斯勒姆与克里斯·安德森，视若无物。第二节热火一度 38 比 29 领先马刺，但马刺挺住了。

下半场热火依然采取对球夹击，同时勒布朗和韦德开始连番左腰背身单挑 + 分球，辅以单侧底角弧切内线。而马刺开始有目的地收缩以制造失误。双方还是僵持——前三节，热火 72 比 69 领先。

到此为止，比赛进行得华丽缤纷，梅花间竹。双方防守力度均佳，可是都只逼出对方 4 次失误。马刺防守端收缩弱侧保护内线，强侧随时第二个人收内线，同时一见勒布朗和韦德到禁区就三人堆禁区，进攻端则是大量利用热火的施压夹击转移空位。热火则是让勒布朗拼命抓后场篮板推动反击，韦德的左腰背身和无球攻击优美出尘，转移球和射手群的突击也恰到好处。

但是第四节，比赛变了。

马刺摆上了小个儿阵容，虽然开始丢后场篮板，但热火的空位投篮被锁住。

马刺 81 比 78 领先后，热火叫了暂停。这时候，你嗅得出空气里的味道。如果当时迈阿密上空有个心声收集器，你可以听见几万个声音在咆哮：

DWYANE WADE：THE WAY OF FLASH　　　　　　　　　　　　　　　　　　侠道　韦德传

热火与马刺的第一场比赛，双方比分咬得很紧，比赛进行得华丽缤纷

虽然在命中率和三分率上都不如热火，但是马刺依旧 92 比 88 取胜，韦德 17 分，还有 2 个篮板和 2 次助攻

"勒布朗要接管了！"

此时，勒布朗已经得到了12分，还有15个篮板、10次助攻。

然而勒布朗没有接管，他依然在分球，找雷·阿伦，找韦德。帕克中投得分，马刺85比79领先。勒布朗和波什挡拆，分球给波什，波什不中，勒布朗前场篮板补进。下一回合，勒布朗远射不中，格林再三分得手，马刺88比81领先。主动权已经易主。最后双方交换了罚球，但马刺稳住了。邓肯20分、14个篮板、4次助攻，帕克21分、6次助攻，首次上总决赛舞台的卡瓦伊·莱纳德没有手感，但10分、10个篮板。最值得一提的，是马刺后卫丹尼·格林：9次出手全是三分球，4次命中。

而勒布朗·詹姆斯呢？他打出了18分、18个篮板、10次助攻的三双，但他的侵略性并不足。他自己承认：

"马刺就是马刺。他们会让你在攻防两端都不舒服，每次你犯个错误，你就会遭受报应。"

可是第二场，勒布朗醒来了。

2013年总决赛第二场第三节还剩3分钟时，勒布朗左腰背身单打，刚抬头看见一片天，立刻被双人夹击一帽劈下来。球到另一端，格林底线突破，上篮得手：格林至此6投6中、三分球5投5中，17分。而勒布朗12投2中，6分。

是时也，马刺62比61领先热火。

在此之前发生的一切：

第一场仅4次失误的马刺，第二场开始157秒就3次失误，其中2次是帕克的击地传球被断。热火的意思不言而喻，舞起两把宣花板斧，左夹右碾，把帕克细细磨做肉酱。

马刺也明白了：热火要夹击。于是，马刺频繁转移球找空位。格林左底线一记三分，内切后返切左腰一记三分，右翼一记三分，开场三记远射。

热火队让韦德左翼单挑，波什站在腰位等中投机会，勒布朗在右翼活动。比起上一场，勒布朗更不摸球了，韦德的持球多了，波什离筐近了。

第一节，马刺4次失误，抵上一场全场。但三分5投4中，前场篮板6

个。显然马刺诸将老头子早有准备：热火一旦夹击，马刺便转移空位投篮。

第二节，热火又抖开招牌的"勒布朗+雷·阿伦+米勒等射手群"的套路，但勒布朗单挑攻不开莱纳德。之后就是帕克和韦德对秀抛射。

第三节，波波维奇莫名其妙地玩了怪招：看帕克有些跌跌撞撞，便把替补控卫约瑟夫换上，拼防守提速度。这招有效，1分22秒内马刺逆转了7分。热火队继续紧逼邓肯下盘，让他只能斜身后仰投篮，而勒布朗继续被莱纳德封死。你来我往，于是到了关键时刻。

马刺62比61领先热火，第三节还有3分钟。似乎谁都拿对方没法子。实际上，前三节结束，勒布朗和邓肯都是13投3中。

但热火祭了一个新招，场面风云突变。

勒布朗与热火的组织后卫查尔莫斯——堪萨斯的"混世魔王"、从中学到大学一路在各类冠军赛投入绝杀的混不吝少年——打了挡拆。查尔莫斯绕过勒布朗的肌肉墙，大胆上篮打三分得手，热火65比62领先。

邓肯后仰投篮不中，勒布朗再和查尔莫斯打挡拆，艰难上篮得手，第13次投篮，第3次得手。热火69比62领先。

帕克来了个抛射，加上邓肯的罚球，马刺得到第65分。但随后勒布朗和查尔莫斯挡拆，内线接球，马刺立刻包夹，勒布朗传给米勒，三分球。热火72比65领先。下一回合，查尔莫斯借勒布朗掩护上篮打三分，热火75比65领先。

随后是第四节，热火用小阵容再次逼迫加里·尼尔失误。勒布朗单挑莱纳德中投，热火77比65领先。接着，勒布朗和查尔莫斯再次挡拆，接球助攻米勒三分得手，查尔莫斯再次绕勒布朗掩护投篮，加上勒布朗反击上篮，热火84比65领先19分。

比赛至此，就结束了。勒布朗+查尔莫斯的挡拆，加上热火的小球三分阵容，摧毁了马刺。热火103比84取胜，邓肯13投3中仅得9分，还有11个篮板，帕克5次失误。马刺唯一的好消息还是格林：30分钟内6投6中包括5个三分球，17分。

波波维奇知道该怎么做了。

于是，总决赛第三场，丹尼·格林 15 投 9 中，三分 9 投 7 中，27 分。马刺 103 比 77，血洗了迈阿密。

丹尼·格林赛后说：

"我们防守上协作很好，但很明显，我们知道勒布朗是怎样的球员。我们知道他如今不在自己的巅峰。许多他平时该进的球都投丢了。我们确认第四场他一定会大不相同……对勒布朗来说，这不只是我们阻挡了他，类似于，他自己阻挡了自己。"

第二场，热火苦战到第三节，依靠"小球阵容围绕勒布朗 + 查尔莫斯挡拆"，打出壮丽的 30 比 5 高潮。但波波维奇不是笨蛋。第三场，马刺锁死了查尔莫斯，让他全场 5 投 0 中得 0 分，还有 4 次失误。具体策略：

如果哈斯勒姆或韦德在场，马刺便收缩，欺负他二人没有远射；如果热火派上射手群，马刺便先阻绝查尔莫斯给勒布朗的传球线路，再封禁区，逼迫查尔莫斯中投。

便这么一招，热火的进攻被封死了。

当然，波波维奇的变化不止这些。

第二节初，马刺派出了帕克 + 吉诺比利 + 莱纳德 + 斯普利特 + 尼尔的准王牌阵容，来对付勒布朗及其三分部队。

马刺算准了查尔莫斯的掩护突破线路，造他上半场第 3 次犯规。

吉诺比利继续以风骚的小动作，调戏按捺不住"欲火"的韦德——若干次真真假假的传球，还假动作晃飞韦德，杀进去扣了个篮。

比如，马刺一见热火调小球阵容上来轰三分球，便让全队冲击前场篮板，欺负热火的个子矮——马刺全场 19 个前场篮板。

比如，马刺还是果断地收缩，让热火下半场仅得 33 分。第三节打到 57 比 46 时，查尔莫斯上篮，37 岁的邓肯一步赶到，抬手一帽劈落，在球出底线前捞回，直甩前场，自己跌进人堆；格林造罚球罚中，59 比 46。热火气势大挫。

勒布朗单挑攻不开莱纳德，莱纳德封死
勒布朗

总决赛第二场，勒布朗＋查尔莫斯和热火的小球三分阵容摧毁了马刺，热火103比84取胜

但本场的大关键，依然是这件事：

马刺山呼海啸，投进了破 NBA 总决赛纪录的单场 16 记三分球。

加里·尼尔抖擞 2011 年战灰熊时的神威，三分球 10 投 6 中。这是波波维奇的安排：帕克和吉诺比利二人全场一共出手 12 次，但送出 14 次助攻；而尼尔出手 17 次。波波维奇的意思很明显，迈阿密势必会夹击帕克和吉诺比利，于是以他俩为诱饵，不断送出底线横传。

以及，丹尼·格林 9 投 7 中的三分球。

就在三年前，丹尼·格林还是勒布朗·詹姆斯的队友。那时他们都在克里夫兰。但格林的大学生涯，被他的二轮秀身份遮盖了许多。他是北卡的摇摆人，主教练认为他是球队的灵魂：他什么都能干一点，远射、突破、篮板、传球、抄球、封盖、防守……当时，格林的绰号是"填数据的"，可以把数据单每列都填满。

有关他的三个故事：

他进 2005 年麦当劳全美明星营时，伤了右腕子。他改用左手，不声不响打完了营里的比赛。

他在北卡读大一时，父亲犯事进了监狱。他挺过来了。

他跟勒布朗做了一年队友，然后被骑士裁掉；他去马刺，干了一星期，被裁。然后他给波波维奇留了个语音短信：

"我会做任何您要求我做的事情。篮板，防守，舞毛巾的，递水的……您需要我做什么，我都做。"于是波波维奇给了他合同。

丹尼·格林没什么惊人的才华。无论在北卡还是马刺，都是这样子：做一些小碎活，把数据栏填满，把分内的事儿做好。第三场，他稳稳地投三分、防守、抓篮板。他若干次急速回防保护禁区，避免了勒布朗开长途火车直蹿篮下。第四节，他和尼尔左一个右一个，远射全然不讲道理。

莱纳德所做的，和以前并无二致：连续第二场，他下场后，勒布朗立刻 4 投 4 中——实际上，第三节末，勒布朗那一波个人连得 9 分，一度让分差只有 15 分，而且让人产生了"难道热火第四节要绝地反击么？"——好吧，后来就是格林和尼尔暴雨般的三分球。

反过来，勒布朗的患得患失又出现了。一半是莱纳德的防守——莱纳德疯狂抓篮板，挤压禁区，投定点篮，内切袭扰，以及用脚步点着勒布朗。他离勒布朗不远也不近，远到勒布朗没法直接突破，近到勒布朗投篮会犹豫。连续第二场，他让勒布朗在第三节末只有12投2中——但勒布朗自己，似乎被马刺的防守迷惑了。他有许多多余的试探步，有许多犹豫的投篮选择。斯波厄斯特拉教练赛后，很罕见地动了气。

"我们自作自受。今天我都认不出我们队了！"

整整31年前，帕特·莱利带着湖人在1982年西部决赛屠灭马刺时，曾经如是说：

"我希望我能把'所谓季后赛篮球就是半场攻防'的谬论给推翻，相信这理论的人都太保守了……我们有满满的天赋，就是要果断把天赋发挥到极限，把对手卷出体育馆……也许第一节不奏效，也许第二节不奏效，但坚持着，总有一会儿，对方会愣神，我们的快攻就能尝到鲜血的味道。"

2013年总决赛第四场，迈阿密热火打出了莱利需要的神采：将巨星能力榨到极限，无视对手应变。

首先，热火变阵换了首发：他们放弃了中锋克里斯·安德森，改用迈克·米勒首发。小个儿阵容＋三分球。

这变阵乍一上来，很是失败。波波维奇开场47秒就做出应变：换下斯普利特下，尼尔上。热火队打小球，马刺也还以小球阵容，打出一波15比5。帕克在内线，仿佛像混进芭蕾舞化妆间的花花公子，左捏一手右摸一把，随心所欲。但是热火继续着小球阵容。

第一节结束，勒布朗6投5中得11分，韦德5投4中得10分。帕克首节得11分，但热火宁肯和马刺斗速度。

第二节初，热火惯例是勒布朗带群三分手来刷突分。但斯波厄斯特拉教

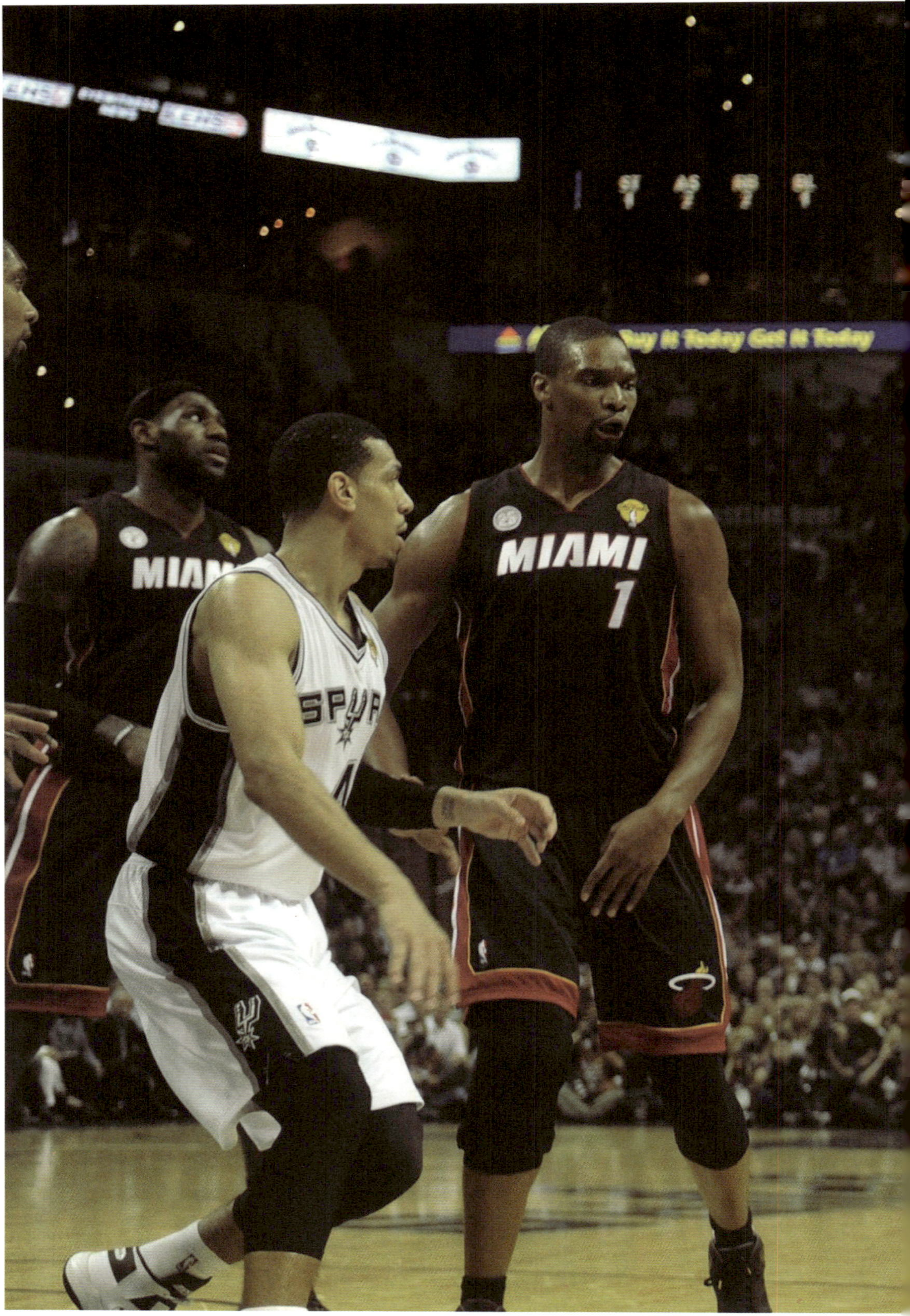
MIAMI
1

2013年总决赛第四场，热火打出了莱利需要的神采：将巨星能力榨到极限，无视对手应变

练再变阵：韦德带队，勒布朗休息。热火一口气打出 37 比 28，气势如虹：

"我们是打小球，我们是不够高，但我们可以跑，可以压，让斯普利特和吉诺比利根本没法在场上待下去！"

马刺也做了调整：斯普利特无法承担迈阿密飓风般的挤压，于是换上迪奥。靠着迪奥那摇摇摆摆的大胖身躯、软软乎乎的手感和妖妖冶冶的走位，马刺追上比分。但第三节，热火封锁篮下，控制了帕克的上篮。到第四节，斯波厄斯特拉提前进行决战，让韦德接管比赛。全场比赛勒布朗 41 分钟得 33 分，还有 11 个篮板，韦德 40 分钟得 32 分，还有 6 次抢断。

最难得的是：勒布朗终于果断起来。开场他便气势雄浑，两次跨场一条龙突破上篮，左翼单挑时果断跳投。总决赛前三场，每当他三分线附近拿球，总会犹豫一下，转移弱侧三分手，但本场，他要位很深（单挑莱纳德若干次），哪怕外围持球，也是很直接地往里踩两步，就跳投了。韦德则是热火的 MVP，他的 6 次抢断和带球疾驰，把比赛带进热火队的节奏。每次他被换下场，立刻跑步到场地右侧，趴下，让训练师给他按摩拉伸。那时你就知道："嗯，今天韦德不想输。"

换言之，热火把优点（巨星能力、速度、夹击）和缺点（漏空位、漏空位、漏空位）发挥到了极致：

"我们的套路是有破绽，但怎么样？我们就是拼巨星，没资格上这擂台的都下去！"

第五场，天王山之战。波波维奇使出了杀手锏：

——2012 年西部决赛前四场，马刺与雷霆 2 比 2。第五场，吉诺比利替补推上首发，全场 34 分、6 个篮板、7 次助攻、5 记三分球、8 罚 7 中——虽然很可惜，马刺输了。

——2005 年西部半决赛前四场，马刺和西雅图超音速 2 比 2。第五场，吉诺比利替补推上首发，15 投 10 中、4 个三分球、得 39 分，还有 4 个篮板、6 次助攻，马刺赢了——那晚，超音速与他对位的，正是雷·阿伦。

所以不用问，2013年总决赛第五场，吉诺比利又被推上首发了。

除了吉诺比利，还有法国人波里斯·迪奥。第四场第二节，马刺本该提早崩盘，但迪奥摇摆着肥鸭子身躯和沙发垫般的屁股，防守端硬是噎住了勒布朗。让马刺得以半场追平。自然，这很滑稽：勒布朗 VS 迪奥，精壮绝伦、经常蹙眉思考、容易想太多的钢铁侠 VS 身躯如气球、从来无忧无虑、活得像块大面包的法国胖子。怎么打出来的？

结果是第五场，波波维奇又使迪奥去防勒布朗了，效果颇佳。全场比赛，迪奥不过得了1分，4个篮板、3次助攻、3次失误、1个封盖，但这可能是 NBA 史上最出色的 1 分比赛。世上的一切都有用处，哪怕是一坨肥肉。进攻端，他在禁区顶上成了团大黄油，马刺的球过来蹭一蹭，就油光水滑；防守端，他对位勒布朗期间，勒布朗 8 投 1 中。

确切说，是这样的：

勒布朗对位迪奥，犹豫，前 4 投都是跳投，不中；之后勒布朗醒过味儿来，企图用背身单挑，然后发现他推不动迪奥——这死胖子太沉了！

与此同时，第五场，丹尼·格林三分球 10 投 6 中，第三发三分球从雷·阿伦头顶越过，平了雷·阿伦 2008 年总决赛系列 22 发的总纪录。之后，又来了三发。从此，纪录归他一人享用：5 场比赛，他已经进了 25 个三分球。

实际上，格林做的，不只是投篮：

他抓了 6 个防守篮板；他很用心地防韦德、勒布朗和雷·阿伦，虽然还是犯了些错误；他阻止了热火两次志在必得的反击；以及第三节，他贴身太紧，被韦德一步晃过。队友夹击，韦德停步，格林翻身追来，奋不顾身，滑地抄球，把球断回来。马刺反击，吉诺比利回传，格林跟上，投中了系列赛个人第 23 发三分球，创了历史之后——镜头给到热火替补席，雷·阿伦正在双手挠头。

这像是格林职业生涯的缩影。他不是天才，出身不高，会被巨星轻易晃过。但他能吃苦，能不惜倒地摸滚，把球挠回来，然后，回身，来一记追身三分。

总决赛第四场，热火将巨星的能力发挥到了极致，全场比赛勒布朗 33 分，还有 11 个篮板，韦德 32 分，还有 6 次抢断

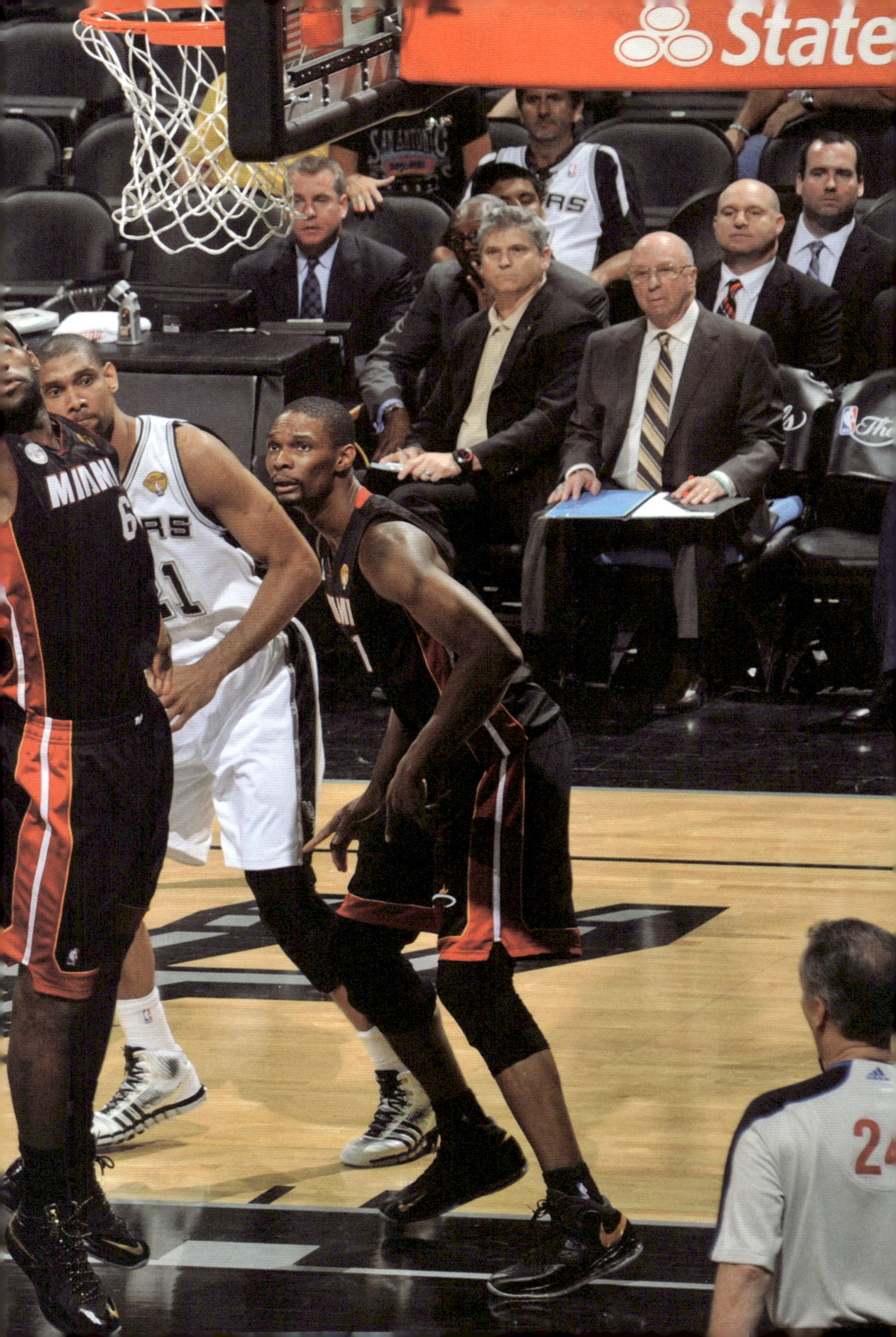
State
MIAMI

马刺的另一个改变：全场他们有多达 42 分来自上篮或扣篮。因为他们明白，热火打小球阵容，长于夹击，短于护筐。篮筐上不再盘旋着"鸟人"安德森，波什又在照顾邓肯，于是马刺全队拉开突破。

最后，马刺还是收缩：热火全队 23 投 11 中。但以此为代价，马刺护住了禁区——第五场，勒布朗和韦德在禁区里，26 投 10 中。用胖迪奥对付勒布朗，用格林、吉诺比利和莱纳德轮流对付韦德，然后放他俩跳投。

在第二节、第三节、第四节，至少有那么六个瞬间，只要热火腿再软一下，他们就会被打崩，但他们挺住了。在第二节、第三节、第四节，在热火那么多次反击之下，只要马刺投丢一两个球（马刺全场命中率 60%），或是被热火反击那么一两下，马刺也会崩溃，但他们挺住了。

第二节初，波波维奇暂停时，大吼道：

"这是 BIG BOY 的比赛！！！"

这是男人们的比赛。的确如此。马刺 114 比 104 取胜，勒布朗和韦德各 25 分，雷·阿伦 21 分，马刺那边邓肯 17 分、12 个篮板，莱纳德 16 分、8 个篮板，吉诺比利 24 分、10 个助攻，帕克 26 分，格林 24 分。马刺 3 比 2 领先。

马刺距离他们第五个冠军，还有一场了。

勒布朗再次到了生死之际。

第六场，第一节，邓肯 6 投 6 中得 12 分。上半场，邓肯 13 投 11 中得 25 分。实际上，这是热火付出的代价：赛前波什便说道，球队会锁死丹尼·格林，代价便是，邓肯可以随心所欲地单挑了。于是上半场，邓肯几乎像在给波什上教学课。右腰擦板投篮，举火烧天怒扣，撤步面筐假动作上篮，背身靠打后斜身侧后仰跳投。

比赛剩 2 分 40 秒，马刺 84 比 87 落后；吉诺比利后场篮板得手后一条龙上篮，此前手感糟糕的帕克一个弧顶三分让马刺追平，接一个转身上篮让马刺反超——仿佛科比附体一般。

那是两个本该已经锁定冠军的球。

最后一分钟，他伸出长臂，断下勒布朗的传球，吉诺比利反击被犯规，罚中球后，马刺 93 比 89 领先，剩 37 秒。马刺领先 4 分。

那时候，冠军就在邓肯指顾之间了。这像是最美好的结局：他打出一场不朽的个人表现，拿到第五枚戒指，而且大可能拿到自己第四个总决赛 MVP。

以下是本场注定名垂青史的时刻：

莱纳德 14 投 9 中得 22 分，还有 11 个篮板、3 次抢断。他第一节对米勒完成了那记自由女神式扣篮，他和邓肯是马刺仅有的两个火力点。这是他的第一次总决赛，而他不过二年级，在这场生死战，他和邓肯，两个没有表情的人，统治了比赛前 47 分钟 32 秒。

但在最后时刻，他投丢了一个罚球。

马刺 94 比 89 领先，剩 28 秒，波波维奇选择将邓肯换下场。勒布朗远射不进，米勒拨到前场篮板，勒布朗再投三分，迈阿密 92 比 94 落后。

莱纳德上罚球线，罚丢一球。马刺 95 比 92 领先。勒布朗远射不中，但波什点到前场篮板。雷·阿伦在右底角接球，然后出手。

雷·阿伦的三分球落入篮筐。95 平。马刺已经到手的冠军杯被拿走了。

加时赛，莱纳德试图将功折罪，得到 4 分，但热火没再给马刺机会。加时赛最后，上半场被邓肯屠杀的波什，盖掉了帕克的投篮，然后把丹尼·格林的右翼绝杀三分按进了替补席。

3 比 3，热火死里逃生，来到了第七场。

2013 年 6 月 20 日，总决赛第七场，迈阿密。双方依然有调整，比如：

波波维奇不想让吉诺比利陷入半场泥淖，重蹈第六场 8 次失误之覆辙，所以让他若干次后场带球，直接一条龙突袭——第四场，热火也是这样让勒布朗暖手的。

吉诺比利增加了突袭，减少了传球，而帕克的腿伤摆脱困难，所以波波维奇大胆赌了格林和尼尔：当球队没有法子创造机会时，只能指望射手们自力更生。

热火则让韦德继续第四场的守转攻中单挑跳投。但在勒布朗的问题上，

DWYANE WADE：THE WAY OF FLASH　　　　　　　　　　侠道　韦德传

总决赛第六场，雷·阿伦绝平三分，热火死里逃生。马刺已经到手的冠军被拿走了

总比分 4 比 3 战胜马刺后，韦德拿到了在热火的第三个总冠军

热火做了小调整。在此之前，马刺的策略是莱纳德或迪奥，分别后撤一步，请勒布朗跳投；而勒布朗一旦起手，莱纳德或迪奥就会逼上伸手干扰。就是这快速的一步干扰，让勒布朗犹豫不决。第七场，热火给勒布朗设了无数掩护，让他能够绕掩护直接急停跳投，或是逼邓肯换防后单挑。

马刺依然收缩，宁可放热火跳投。

热火依然锁死三分线，被马刺半场突破博得了 15 次罚球，依然如故。

第一节，马刺 11 比 4，但立刻，韦德发动单挑，拉回分差，挺住了；第一节末，巴蒂尔三分如雨时，马刺反而有崩溃之势，但第二节，马刺又咬住了。

如是许多次。韦德上半场雨落缤纷的跳投，巴蒂尔弹无虚发的三分球，马刺回以吉诺比利的突击和邓肯的单挑，回以第三节开始莱纳德的小跳投，格林全场没找到出手机会，自己抓到前场篮板撤到三分线外投进；勒布朗刚投进了三分球，莱纳德还以打三分；热火在第四节末尾两次要锁定分差时，莱纳德的右翼三分和邓肯的左侧擦板打三分（波什抱头大叫一声）都咬住了分差。

直到最后时刻，邓肯面对巴蒂尔的防守，投出一个上篮，未进，比赛大局已定。回防时，从来不露声色的邓肯，狠狠地在地板上拍了一下。

自 2005 年天王山射丢绝杀补篮后双手捂嘴瞪眼发呆以来，这是邓肯情感流露最夸张的一次。

邓肯 24 分、12 个篮板，莱纳德 19 分、16 个篮板，吉诺比利 18 分。

然而，勒布朗·詹姆斯终于找到了全部的自信和手感，打出了经典之战：全场，他独得 37 分、12 个篮板还有 5 个三分球。热火 95 比 88 取胜，4 比 3 险胜马刺，蝉联总冠军。

他的第二个总冠军，以及第二个总决赛 MVP。

比赛之后，蒂姆·邓肯和勒布朗·詹姆斯，两个合计拥有六尊常规赛 MVP、五尊总决赛 MVP、六个戒指的男人，史上最好的三个前锋中的两人，拥抱在一起。勒布朗把额头埋在邓肯的右肩上，邓肯拍了两下勒布朗的背，勒布朗没抬头，右手在邓肯的左肩上捶打。

就在夺冠之后，热火老板米奇·阿里森说："马刺是个多么好的组织……多么伟大的一组系列赛啊。"斯波厄斯特拉也道："这是我们两年来最艰难的一个系列赛。"

拿到第三个总冠军的韦德，赛后在更衣室里，将胜利的香槟酒倾倒在自己的膝盖上。

"献给你，我的膝盖。"

之前 2013 年 3 月 6 日对阵奥兰多之战，韦德的右膝骨出了问题。此后他的膝伤反复发作了三次。唯一的疗法是休息，但他无法休息。毕竟，如莱利所说，热火的风格就是无休止地进击。

巴蒂尔说，许多时候角色球员可以为你做许多事，但总冠军需要球队的领头羊才能搞定。

对公牛第四战后，韦德几乎是一瘸一拐进了更衣室。他看到妈妈乔琳达也在，于是说：

"妈，过来摸摸我的膝盖，为它祈祷吧！"

乔琳达很惊讶：这是韦德第一次公开让她这么做。但韦德后来说："只要我的膝盖能好，我什么都肯做。"

对步行者第六场后，韦德让妈妈再为自己做了次祈祷，然后站起来："我觉得我的膝盖好了。我们总决赛见。"第七场，他得了 21 分，淘汰了步行者。

乔琳达认为，没有人能理解韦德的伤痛，但他不肯停下。他也知道自己的身体不再是 2003 年那龙精虎猛的少年模样了，但唯此他才格外珍惜。

2013 年总决赛期间，韦德承认："季后赛一点都不好玩。我很抱歉说实话，但季后赛不到你夺冠那天都毫无乐趣。每天都是种折磨……我有时会觉得自己撑不下去了，只指望自己能熬完，但有时又觉得，还行，感觉好一点了，我还能继续。"

这就是他的勇决，最后也的确得到了回报。

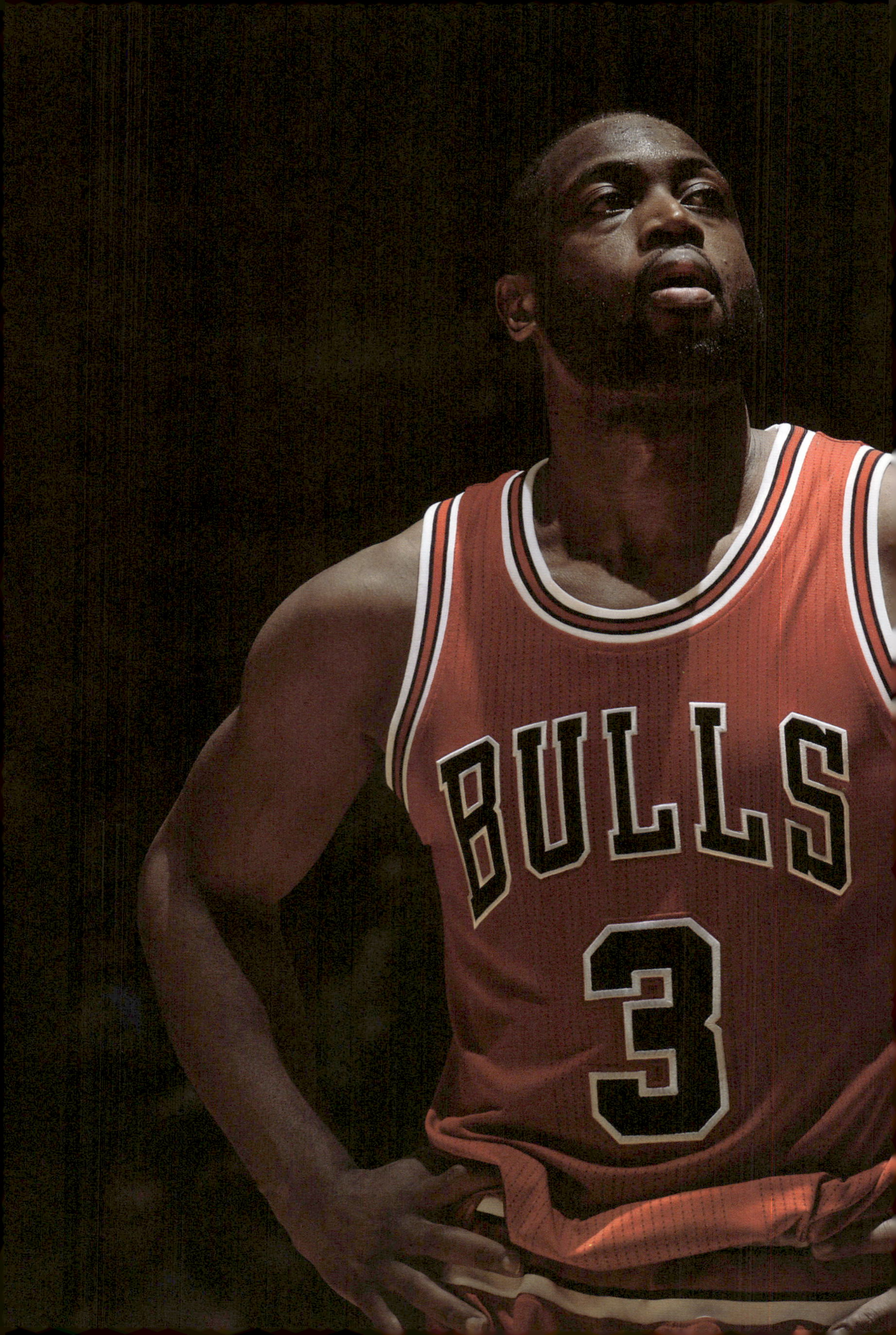
BULLS
3

15

曲终人散

2013年夏天，帕特·莱利又找了些人：

——2007年状元，伤病缠身但还有七尺身高的巨人格雷格·奥登。

——2008年榜眼，当年在堪萨斯纵横大学篮球，常带着"鄙视你"表情的得分狂魔比斯利。

韦德如此形容：

"我们更衣室里的人，不会像小孩子似的去追求大合同。我们都是群拿过好些钱的家伙了。"

翻译："我们不缺钱，不会特意去刷数据赚大合同。我们就想放下一切，同心同力拿几个冠军。"

与此同时，莱利给韦德下了指令，希望韦德"恢复到96公斤"——那是他十年前进NBA时的体重——以便减少他膝盖的压力。韦德也大大咧咧对记者承认了：2002年3月，在马奎特大学时，他摘了左膝半月板。这是他常年伤病的真正缘由。

想象一下韦德每次突破时，他左膝盖里骨头互相摩擦的感觉，都能让人背上发凉。

韦德有多么不易呢？毕竟，勒布朗这几年的转型出于主动，他的天赋太伟大了，可以随心所欲变化；但韦德则更多出于被动，他要把大权让给勒布朗，同时跟伤病周旋，找出自己适合的套路来。虽然这对一个年已31岁、三分不稳、个子偏矮、膝盖伤病累累的得分后卫而言很是艰难，但2013年夏天，他还是做到了。这无关技艺，更多是心志。

2013—2014赛季开始得很平静。热火逢背靠背第二场比赛，韦德便尽量休息，以养护他的膝盖。无所谓了：经历过2013年春天的27连胜，热火已经如一架抹足油的机器，进攻润滑无比。

2013—2014赛季结束，迈阿密热火54胜，东部第二。被勒布朗包揽了两年的常规赛MVP，归了凯文·杜兰特。

2014年季后赛前两轮，又是毫无惊喜。热火4比0碾压了夏洛特山猫，4比1干掉了布鲁克林篮网。

因为冠军经验和进攻体系，热火依然是本星球反应最敏锐、套路最流畅的两支球队之一：在如臂使指、浑然同一方面，只有马刺可与他们相比。

当然也有不妙处，比如斯波厄斯特拉教练，依然是老样子：比赛中调整慢一拍、比赛间调整很有效的教练，能激发球员的能力，但很难激发他们的斗志。

比如，韦德的膝盖确实不成了。他偶尔还能用精彩的球提醒他的存在，但大多数时候，他只能靠快下、无球走位和追身中投来得分。

然后是东部决赛：连续第三年，迈阿密热火遇到印第安纳步行者。连续第三年，勒布朗面对保罗·乔治和罗伊·希伯特。

步行者依然是联盟最强的防守球队。依然仰仗着乔治·希尔的突破、史蒂文森的华丽小球、大卫·韦斯特扎实的内线功底打球。

依然有保罗·乔治的反击奔袭、走位远投和中距离高难度跳投。依然有罗伊·希伯特218厘米的巨大身躯，矗立在篮筐前。

而且，他们确实赢下了对热火的第一场：东部决赛，1比0领先，107比96取胜。勒布朗25分，韦德27分，可是波什只有9分、2个篮板。热火全队三分球被锁到23投6中。得到24分、7次助攻的保罗·乔治很得意：

"我们等这场比赛，等了一整年。"

DWYANE WADE：THE WAY OF FLASH　　　　　　　　　　　侠道　韦德传

东部决赛第一场比赛前，韦德在拉伸身
体。多次的伤病让韦德的膝盖变得很
脆弱

第六章　昂首离开

东部决赛第一场，热火 96 比 107 不敌步行者，勒布朗 25 分，韦德 27 分

他们确实准备周详。第二场第三节结束，步行者还是 63 比 62 领先。他们压制节奏，不让热火舒适地投三分。

但是，勒布朗和韦德还在呢。

前三节，勒布朗只得 9 分，但第四节他得到 12 分，韦德第四节 10 分：两人包揽了热火最后的 20 分。无他，就是反复的"我上了，你不夹击我就自己来；你夹击了我就找另一个人"。勒布朗承认这么打不够优雅，但是：

"这是东部决赛啊！"

乔治·希尔很迷惑，他觉得简直没理由。"我们整场都在赢，我们一直控制比赛，可怎么就输了呢？"

将分数扳到 1 比 1 之后，更重要的一点，热火找到了"打得丑陋但也能赢球"的心气。第三场，热火 99 比 87 取胜，第四场，102 比 90，没费多少气力。第五场，步行者防到勒布朗 10 投 2 中，但第六场，勒布朗 12 投 8 中得 25 分，热火 117 比 92 席卷了步行者，4 比 2 晋级。连续第四年总决赛。

"我很感激。这是支伟大的球队，这是个不可思议的团队。"勒布朗如此说迈阿密热火。斯波厄斯特拉教练补台："这个团队热爱在一起打球，热爱竞争，而且能不断提升到新境界！"

但半个月后，他们就不会这么想了。

2014 年总决赛，热火的对手，是衔恨而来的，在西部决赛干掉了雷霆的，去年几乎冠军到手的圣安东尼奥马刺。

2014 年 NBA 总决赛，圣安东尼奥马刺 VS 迈阿密热火，连续第二年相遇。

2014 年总决赛第一场第四节，热火一度以 86 比 79 领先。

赛后，澳大利亚后卫帕特里克·米尔斯说：

"我们一直在彼此沟通，彼此鼓励，保持热情……不管发生了什么，我们保持在一个团队里，一直在让大家有动力继续。我们说，'我们还没输。

继续磨,继续磨。'"

双方在第四节剩 9 分半时再次摆上王牌阵容决战。勒布朗两记后撤步中投得手,而马刺回以帕克的反击上篮,再突破分球助攻邓肯。这时候,勒布朗示意换人。从第三节到这时,他连续打了 9 分钟了,他的体力见底了。场内空调已坏,高温下打球,谁都受不了。

勒布朗刚刚下场,迪奥的传球便找到了格林。格林两记三分球。热火的防守已乱,吉诺比利助攻邓肯得分后,邓肯再甩出一记长传,格林反击扣篮得分,马刺 94 比 90 反超。

之后,勒布朗归来,上篮,落地,趔趄,抽筋,被迫下场。丹尼·格林和莱纳德各自投进了三分球,比赛已无悬念。勒布朗认为,"看着球队被甩开,自己却无法帮忙,感觉真的很奇怪"。

邓肯 10 投 9 中得到 21 分,还有 10 个篮板,帕克 19 分,吉诺比利 16 分、11 次助攻。但世界讨论最多的,是勒布朗的抽筋。

第二场,勒布朗做出回答:他独得 35 分,还有 10 个篮板。热火 98 比 96 取胜,夺回主场优势,双方打到 1 比 1。

勒布朗赛后说:"马刺撤后了,于是我就投篮,对我而言,就这么简单。"

波波维奇赛后说:"你可以试着夹击勒布朗,我确定他能找到空位队友。"

他们这个级别的人,彼此心照,彼此明白。马刺忌惮的是勒布朗分球给队友,宁肯让他投篮;勒布朗知道马刺忌惮他的突破分球,所以果断跳投。双方只是豪赌而已。

总决赛第三场前,迈阿密热火教练组给全队发了这条语录:

"狼群的强大在于每只狼,每只狼的强大在于背后的狼群。"

——鲁迪雅德·吉普林,1907 年成为英国第一位,也是史上最年轻诺贝尔文学奖获得者。

可是,第三场,马刺表现得更强大。

马刺打出了波澜壮阔的进攻,第一节 41 分,上半场得到恐怖的 71 分,

DWYANE WADE：THE WAY OF FLASH　　　　　　　　　　　　侠道　韦德传

2014 年总决赛，热火再次与马刺相遇。
第一场第四节，勒布朗抽筋后被迫下场

上半场结束，马刺 71 比 50，领先迈阿密 21 分。

——上一次总决赛首节得到 41 分？那是 1967 年总决赛第一场，张伯伦率领的费城 76 人做的事。

——第二节打到一半，马刺的命中率达到恐怖的 90%。整个上半场，马刺 75.8% 的命中率，总决赛历史纪录。

——马刺上场九人，全部得分。

马刺做的调整是这样的：

首先，一如对雷霆系列赛似的，换下斯普利特，派上迪奥为首发，改打小阵容。

开场，发现勒布朗亲自防守帕克后，马刺选择了一个新进攻点：三年级的莱纳德。结果，热火便看着莱纳德持球突破韦德、追身投三分。甚至，丹尼·格林也开始突破造罚球。

当莱纳德和格林都开始突破分球之后，马刺在场就有四个突破分球手了。

本场比赛，格林 8 投 7 中得 15 分，还有 5 次抢断，帕克 15 分，邓肯 14 分、6 个篮板、2 次助攻。而三年级生卡瓦伊·莱纳德，是本场的 MVP：13 投 10 中，29 分。

前一年，莱纳德总决赛对位勒布朗，堪称史上初出茅庐年轻人的典范。但自那以后，他似乎拒绝更凶猛一点。他的技术进步有目共睹，他的背身、中投和持球单挑偶有施展，让人诧异。2011 年入行时，选秀报告说他是个不太会外围技巧的小前锋，长于篮板。

一年后，他依靠着大手断球反击、内切扣篮和防守立足，还学会了定点三分。

2013 年，他是马刺外围首席攻击手，定点三分 + 底线袭篮 + 弱侧突破。

到 2014 年，他已经能持球突破，完成撤步中投和高效的背身单打。只是，这个面瘫少年不爱施展这些。直到 2014 年总决赛第三场，他打出了季后赛个人生涯纪录，在这样一个生死大舞台。

然后是第四场，又一次马刺 107 比 86 屠杀了热火。上半场 56 比 36 领先 20 分。

自从迪奥首发后，打小球阵容的马刺，能够完全跟上热火的转移球速度，逼迫热火单打。反过来，因为热火的夹击、错位和对无球走位的保护不周，马刺总能够找到出球机会，投空位篮。第四场赛后，勒布朗对记者提到了迪奥："他就是马刺在场的又一个组织后卫。"

米尔斯 16 分钟内三分球 6 投 4 中得到 14 分，迪奥 8 分、9 个篮板、9 次助攻，帕克 19 分。勒布朗挣扎过了：第三节他独得 19 分，热火全节仅有 21 分。然而，热火的进攻套路全被马刺看破，反过来，热火完全无法遏制马刺纵横捭阖的团队篮球。一组数据：

第四场，热火全队触球 374 次，传球 267 次。

马刺全队触球 497 次，传球 380 次。

邓肯 10 分、11 个篮板，一不小心成为 NBA 史上季后赛，两双最多的球员，158 个。此外，上半场打完，他季后赛出场时间也正式超越了"天勾"，史上第一。

两个都像是老头子纪录了。

第五场，圣安东尼奥。

比赛前，勒布朗·詹姆斯说"历史制造来，就是为了被打破的"。克里斯·波什则发誓：第五场一定会赢。热火的确凶猛：马刺开场一度 6 比 22 落后。但之后，吉诺比利持球强突，打三分得手；骗到巴蒂尔一个进攻犯规；然后接一个三分球。马刺打出了热火第一个暂停。此后，吉诺比利再组织攻势，邦纳突破分球，米尔斯三分。第一节，马刺仅以 22 比 29 落后 7 分。

第二节，马刺换邓肯接管，一口气追到 34 比 35。吉诺比利一个蛇形上篮让马刺 39 比 35 领先，然后，37 岁的他，打了职业生涯最伟大的一球：提速，突破，面对克里斯·波什，一向习惯骗罚球的吉诺比利，一记滑翔隔人扣篮。吉诺比利奔回半场时，意气风发，邓肯在他身后，伸手给他后脑袋摸了一把。15分钟里，马刺完成了39比15的大高潮。

到第三节马刺打出18比4的高潮后，已经领先到65比44。第四节剩下2分12秒，得到了22分的莱纳德被罚下，马刺已经领先到98比80。然后邓肯下场了，吉诺比利下场了，斯普利特过来，死死抱住吉诺比利。

比赛结束了。马刺104比87击败迈阿密热火，4比1拿下了2014年总冠军。38岁的邓肯扑在场边的大卫·罗宾逊的身上；帕克则直接把来观战的艾弗里·约翰逊抱离地面。波波维奇，半张着嘴，观看这一切。

而32岁的韦德，要迎来人生的又一个动荡了。

马刺 4 比 1 战胜热火，拿下 2014 年总冠军。32 岁的韦德，他的健康不允许他攻防两端扛起热火了

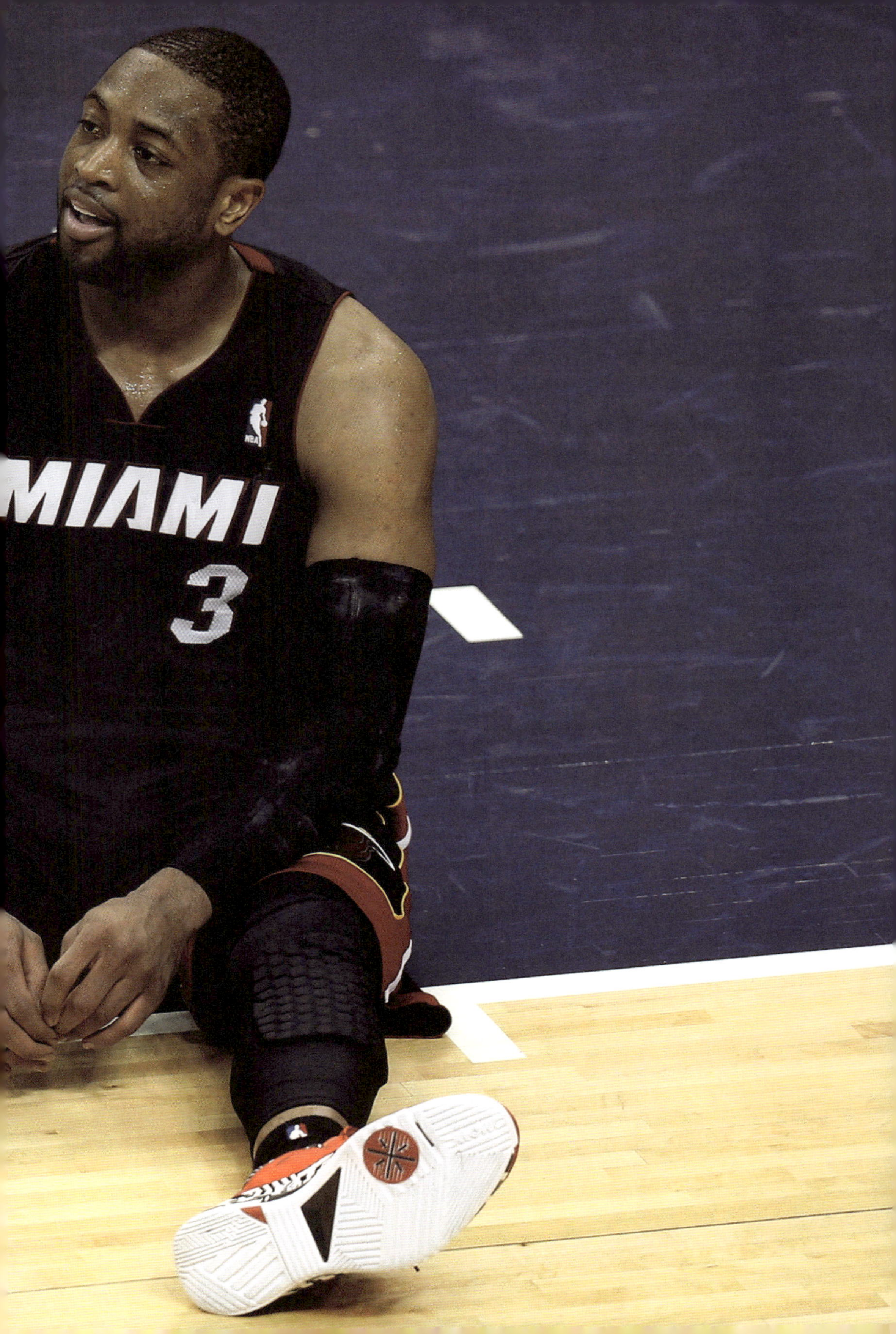
MIAMI
3

16

最后的尊严

2014年总决赛结束后,动荡发生了。克里夫兰骑士幸运之极,四年里第三次获得了状元签。选秀大会上,他们摘得了203厘米的飞翔小前锋安德鲁·维金斯。与此同时,他们定下了新赛季的主教练:在欧洲大为成功的大卫·布拉特。

几乎与此同时,2014年6月,迈阿密"三巨头"德维恩·韦德、克里斯·波什与勒布朗·詹姆斯一起宣布跳出合同,成为自由球员。

2014年7月11日,勒布朗宣布:他要回归克里夫兰骑士了。随后,他与骑士签了两年4200万美元合同。

时隔四年,在当初那个"把我的天赋带去南海岸"的惊世决定之后,勒布朗回归了。给《体育画报》的文案里,勒布朗热情洋溢地说:

他小时候生在俄亥俄东北。那是他的家乡。他说四年前他一心想追求冠军才离开骑士,四年来他成长了。他觉得家乡还是没有冠军,所以他要回来,为家乡拿一个戒指。

就这样,迈阿密热火"三巨头"时代结束了。

也是在这年夏天,韦德和大他九岁的加布里埃尔·尤尼恩结婚了。根据尤尼恩后来的说法,韦德的妈妈乔琳达极为紧张,"你贪图什么?"大概,乔琳达因为自己婚姻状况糟糕,便担心儿子重蹈覆辙。

但或多或少,韦德的生活,又翻到了新的一页。

与四年前不同的是，韦德这时已经 32 岁了。他的健康已经不允许他如 2008—2010 那两年似的，攻防两端扛住热火了。

2014—2015 赛季，韦德断断续续打了 62 场常规赛，场均 21.5 分、3.5 个篮板、4.8 次助攻。最体现他健康状况的，是他全季只有 21 个封盖。他因伤错过了那年的季后赛：生涯第二次而已。

2015 年 6 月 29 日，韦德再次跳出合同，然后得到了一年 2000 万的收入。2015—2016 赛季，韦德 74 场比赛只射进了 7 个三分球——而那年，金州勇士的斯蒂芬·库里蝉联了常规赛 MVP，单季射进的三分球超过 400 个。

时代改变了，不再属于突破单打魔王们了。

2016 年东部半决赛，迈阿密热火遭遇多伦多猛龙。第一场比赛，发生了一点奇迹。

那场比赛，热火与猛龙泥泞里滚爬了一整场。开场，韦德试探性地做了几个急停中投。很容易注意到，韦德的动作幅度小了。他投篮会配小跳步了，膝盖弯的幅度小了，起跳高度也减了，所以带了后仰，要靠踢右腿来平衡。

因为，膝盖要留在其他地方使。

第四节最后，韦德接管比赛，一个经典的"运球绕掩护换手'之'字形变向横走，立刻再变向纵切篮下左手上篮"。完成横走时双脚落地，已经形成右脚在前交叉步卡住对方身位，左脚在后预备发力，接下一个变向了——连续两个扭，还是高速中完成。

关键时刻，猛龙的凯尔·洛瑞投进超远三分球，比赛被拖入加时。加时赛，韦德交叉步突破后小跳中投得分，然后叫掩护后内外运球变向假动作抛射得分。最后时刻，热火 99 比 96 领先，猛龙边线发球。场边解说员：

"差点断掉了……断球！猜是谁断球？德维恩·韦德！！"

韦德完成断球，奔到前场，起手哨响，没完成扣篮，但球滚入篮筐。

DWYANE WADE：THE WAY OF FLASH   侠道　韦德传

勒布朗回归骑士，"三巨头"时代宣告结束。2014 年 12 月 25 日，骑士 VS 热火，勒布朗 VS 韦德，骑士 91 比 101 不敌热火

第六章　昂首离开

对阵猛龙的第一场比赛，韦德脆弱的膝盖内侧撞了地板，伤病折磨着韦德，但韦德依然是足以致命的"金蛇"

韦德失去平衡，跌到篮架旁，又在那里待了一会儿，抬头看：多伦多人民沉默了。他们刚看到了起死回生的希望，又被韦德亲手掐灭了。

"我们被迫要赢两次。"韦德说。

"韦德阅读局势太棒了。"被断球的猛龙后卫德玛尔·德罗赞说。

实际上，最后那次跌倒，韦德脆弱的膝盖内侧撞了地板。韦德说："我知道一定会瘀肿，但会好的。"

韦德轰下 24 分、6 个篮板、4 次助攻、3 次抢断、2 个封盖，并在关键时刻带队锁定胜局，赢下了第一场。

但这只是开始。

热火 VS 猛龙打到第三场，上半场结束前最后时刻，韦德起速一条龙突破三人，找到老哥们哈斯勒姆，助攻他打三分。上半场，韦德的得分，基本是空切、中投，如蜻蜓点水。下半场，韦德开始接管比赛。

热火 44 比 55 落后，韦德追身中投，不进；助跑两步，起跳，在巨人俾斯麦·比永博头顶雷霆一劈，把球补进。

热火 54 比 64 落后时，韦德双胯下运球，左手运球到底线，撤步三分，57 比 64。

运球到前场，交叉步变向左手运球，撤步三分，60 比 64。

韦德在弧顶舞蹈，让过约瑟夫，进三分线后背后运球变向，过罚球线撤步中投，66 比 68。

右手运球过掩护，连续胯下运球后撤步中投，68 平。热火第三节 28 分，韦德独得 18 分。

第四节，韦德防守端已经移动不了了。比赛最后时刻，热火 84 比 87 落后，韦德突进前场，抛射，86 比 87；最后半分钟，洛瑞单挑韦德，急停跳投，89 比 86；韦德运球突破两人，变向进篮下上篮，88 比 89。

然后是最后功败垂成后的叹息。

但他得了 38 分——上一次韦德在季后赛得到单场 38 分，还是四年前

第六章 昂首离开

淘汰步行者那晚。

第四场，韦德又得了 30 分，带热火将分数扳到了 2 比 2。第五场热火输掉后，第六场，韦德又来了。

上半场，除了偶尔上篮和左腰背身之外，韦德不太打。第三节到第四节，韦德惯例接管。猛龙已经读懂他前五场的"弧顶绕掩护变向突破"了，站位普遍靠后在等他；结果韦德开始中远投。

最后一个球，一分半。韦德面对防守的科里·约瑟夫，对队友罗尔·邓打手势。邓打个手势意思是"要掩护吗？"，韦德再摆摆手，邓懂了，让开左翼，韦德要一对一。韦德抬头，一个中路运球假动作，然后迅疾横拉向底线，约瑟夫被晃空，韦德中投，101 比 88。

解说员感叹道："这是何等的一节啊！"

韦德不知道第多少次，终结了对手。以及，这场比赛之后，他的季后赛总得分达到了 NBA 历史第十二——这个系列赛，他的季后赛得分从 NBA 历史第十七变成了第十二，一路翻越了埃尔金·贝勒、"微笑刺客"托马斯、德克·诺维茨基（他的老冤家）、"魔术师"和"大梦"奥拉朱旺。

虽然常规赛被伤病折磨得支离破碎，但他还是那条足以致命的"金蛇"。

但他与迈阿密的故事，要告一段落了。

2016 年夏天，韦德想要一份新的合同。迈阿密热火那边，"太上皇"帕特·莱利先给了两年 2000 万美元，然后提到了两年 4000 万美元。于是，韦德去了芝加哥公牛，回了故乡。

这件事，说来话长。

2010 年夏天，韦德自己降薪，让热火可以签下波什和勒布朗这两位兄弟。

2014 年夏天，韦德跳出两年 4200 万美元的合同，签了一份两年 3400 万美元的合同——为了给波什让出空间提高薪水。

DWYANE WADE：THE WAY OF FLASH

侠道　韦德传

与猛龙的第三场比赛，韦德全场 38 分，但热火仍旧输了比赛

第六章　昂首离开

2016年夏天，韦德要一份新的合同，但并未如愿，最后韦德去了芝加哥公牛，回到了故乡

2016年夏天,莱利一度去哄凯文·杜兰特加盟,希望韦德继续牺牲薪水。为迈阿密热火效力十三年后,韦德觉得忍够了。

十三年来,韦德一共拿了迈阿密热火1.56亿美元。而2016年夏天,孟菲斯灰熊从没进过全明星的后卫迈克·康利签下了五年1.5亿美元的合同。十三年,韦德为热火牺牲了2500万美元的合同,但莱利还是不肯给他多一点钱。

我们已经知道了,莱利是个控制欲大师,篮球的独裁君王。他极端,好胜,残忍,生意至上,聪明,理想主义。任何明星都会被他榨干。他带着湖人拿了1982、1985、1987、1988四个冠军,但他下课时,湖人队里有人私下里庆祝:终于不用被他折磨了。尤因和莫宁都被他用残为止。韦德在四年级时被他用伤过,凤凰涅槃又活过来了。经历了"三巨头"辉煌期后,又倒下了。但最后,许多明星会忍不了他。韦德跟他十三年,算是长的了。

与此同时,韦德是一个……很骄傲的人。

他可以为了冠军牺牲很多,但他从来不会唯唯诺诺。骨子里,他有他的尊严。韦德在2007—2008赛季26岁时,已经经历过一次毁灭性的重伤。他的涅槃,是2008—2009赛季,27岁那个得分王。

他的膝盖从大学里就有些不太好,缠绵多年,追魂跗骨,如鲠在喉。2013年夺冠后,香槟浇膝盖的事天下皆知。过去两年,他打得不算凶猛,曾经纵横天下如他的闪电侠,最懂得这种温吞的痛苦。

但为什么还要这么忍耐呢?

他真相信,凭着这个阵容,热火可以拿冠军吗?未必。但他奋死不顾的血气,都是为了自己的骄傲。

韦德爱迈阿密。他为这座城市做的牺牲队史无双。但他也骄傲,已经牺牲过2500万美元,已经牺牲过许多尊严了。最后,看到迈阿密热火已经签不到大牌自由人了,还不肯给他一点钱来补偿,大概韦德就觉得,够了。

在此之前，之前那么多次毁灭性的、漫长的、细碎的伤病，那么多次的重建（2007—2010 年被抛掷的四年时光），那么多的牺牲（2012 年他让勒布朗别在意，自由发挥，"我会自己搞定的"，至今放弃了 2500 万美元），都没把他逼离迈阿密。

并不是每段牺牲，都是理所应当的。

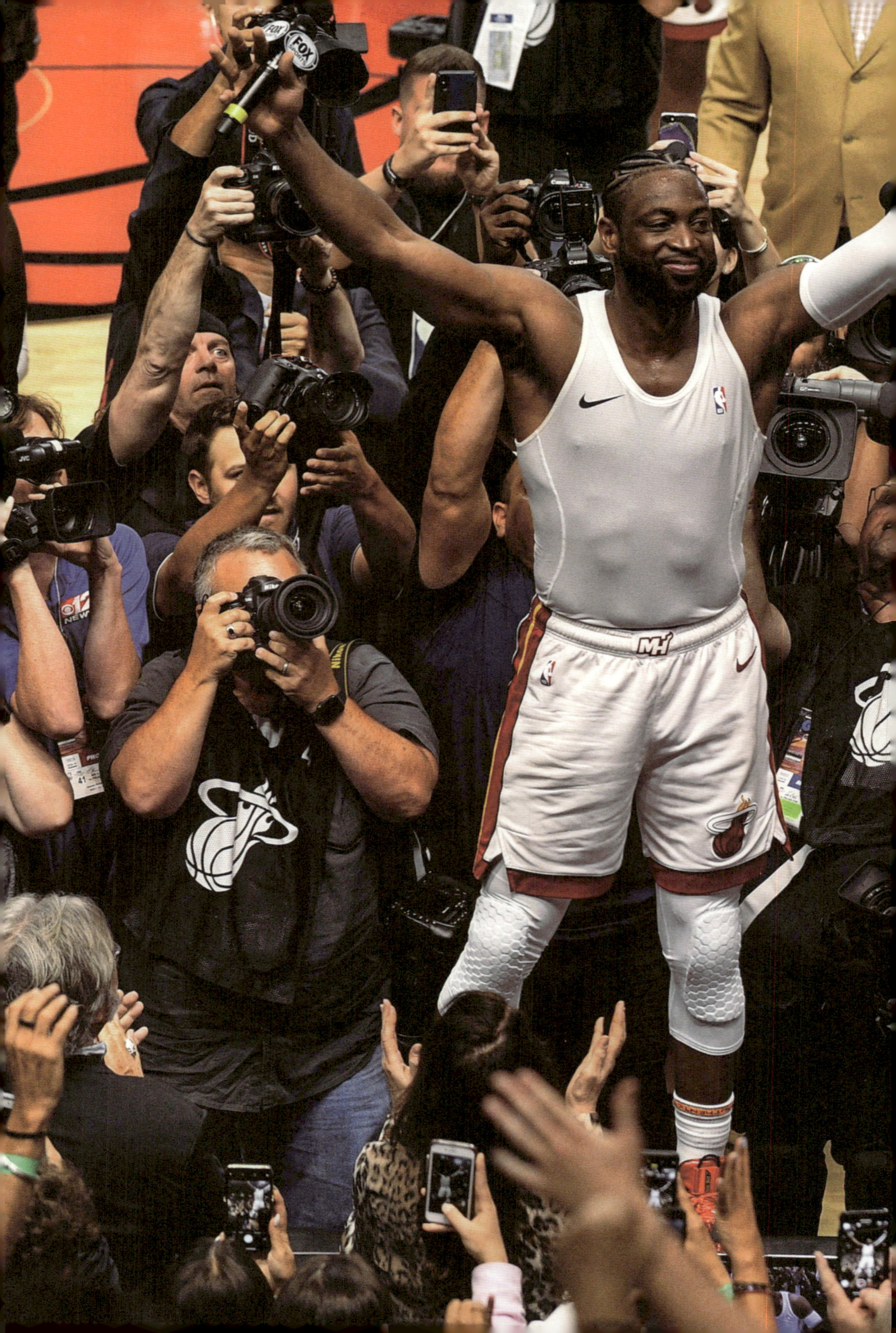

尾声

2016年夏天，韦德回到芝加哥，加盟公牛。他承认说，六年之前，他一度很接近跟公牛签约，然后勒布朗的"决定"改变了一切。

"我一直想为家乡球队效力，但我也想要总冠军呀。"

他说他喜欢回到芝加哥的感觉，他每天跨进芝加哥联合中心，抬头看到顶上高挂的23号迈克尔·乔丹退役球衣，就觉得很激动。"我在9岁时就坐在地板上看电视，看我最爱的球员（乔丹）为我最爱的家乡球队（公牛）拿下冠军，我一直想成为这样的英雄。现在是美梦成真了。"

但他也明白，与他同时代的俊杰们一一走了。2016年夏天，科比·布莱恩特、蒂姆·邓肯和凯文·加内特这些宿敌离去了。

一切没有韦德想的那么顺利。芝加哥公牛当时有勤恳好强的吉米·巴特勒，有韦德的老对手拉简·朗多。后来韦德说，这个球队像是有三个老大。对一支年轻的公牛而言，这不一定是好事。2017年1月，这三位全都被罚款了：因为他们公开批评年轻球员不够努力。两个月后，韦德的肘部受伤了。他在季后赛前赶了回来，并让公牛以2比0领先年轻的凯尔特人。但朗多的大拇指受伤了，结果公牛在季后赛首轮2比4输给了年轻的波士顿凯尔特人。一年后朗多还愤愤不平："我们打得很好，我们化学反应出色，如果不是我受了伤，我们本该横扫凯尔特人！"

于是公牛决定重建了。他们交易走了巴特勒，放弃了朗多。然后在2017年9月，公牛买断了韦德的合同。

尾声

三天后，韦德签约了克里夫兰骑士：七年前，勒布朗来迈阿密找他；七年后，他去克里夫兰找了勒布朗。

然而，七年过去了。

年轻时的韦德，经常一个大劈叉，三威胁步抢住身位，一步夺进三分线，立刻展开欧洲步，左绕右晃，直接奔篮去了。那会儿韦德的腿，是可以支撑他大步流星迈开，连带大幅度变向，还能连欧洲步和滞空找擦板点的；那会儿他中投，都是运一步直接拔起的。

但2014年之后，他基本上是靠细腻技巧过来的。他的爆发力一如他的膝盖，偶尔还能施展，多数时候不太听使唤了。

2017—2018赛季，韦德为骑士首发了赛季前三场，25投7中。于是他自请担当了替补。勒布朗依然支持他，"我进联盟之后，韦德就是我哥们；他能重当我的队友，对我而言意味着一切。我愿意为他做任何事。他是我最好的朋友。我一直觉得我们还会再当队友的。"即便韦德当了替补，勒布朗依然相信，"他是我们的第二阵容领衔者，他会好的。"

但一切并没有变好。

2018年1月，韦德的经纪人亨利·托马斯逝世，在他的葬礼上，韦德重新见了帕特·莱利。一年半前分崩离析的友谊，又被重新弥合了。2018年2月8日，克里夫兰骑士将韦德交易回了迈阿密热火。

"我觉得韦德能在各个方面帮助球队。"莱利说，"对这座城市和球迷们而言，这是个美丽的时刻。我们都想赢球，我们都想让韦德回家。我们希望能打进季后赛。"

2018年2月9日，韦德重新身披迈阿密热火3号出战。他出场时，全场起立为他鼓掌。18天后，热火对阵费城76人。韦德第四节轰下15分，全场27分，让热火以102比101险胜。4月16日，他对76人得到28分，终结了76人的17连胜——好像他总是跟76人过不去似的。这场比赛，他的季后赛总得分列到了NBA史上第十。

这就是他的告别：他已经无法夺冠了，但终于还能够在迈阿密热火这个

DWYANE WADE：THE WAY OF FLASH   侠道　韦德传

2017—2018 赛季，韦德和勒布朗在骑士重逢，勒布朗始终支持他

尾声

2018年2月9日，韦德重披热火队3号战袍，现场观众起立鼓掌

起点结束一切，顺便完成那些因为伤病而延迟的历史纪录。

2018年夏天，韦德说接下来一年是他最后的舞蹈，最后的赛季了。他承认经纪人亨利·托马斯的逝世对他而言打击沉重。

2018年11月25日，韦德替补出场得到35分——热火队史上替补球员单场最高分。12月9日，他在生涯第1000场比赛里得到25分。2019年1月6日，韦德成为NBA史上第三位得到20000分、5000次助攻、4000个篮板、1500次抢断、800个封盖和500个三分球的球员。他甚至被荣誉性地选入了2019年全明星，与他的宿命对手德克·诺维茨基对决。2019年4月9日，韦德在迈阿密打了自己最后一个主场比赛，得到30分——热火大破费城76人。4月10日，NBA生涯最后一场比赛，韦德得到25分，还有11个篮板、10个助攻：这是他生涯第五个三双。这一晚，他的哥们克里斯·保罗和"甜瓜"安东尼也来了。他们在韦德出场时高呼"我们要韦德！我们要韦德！"

对手的明星后卫德安杰洛·拉塞尔说："他拿了个三双才退出的，别忽略这个，三双呀！他为我们许多人开拓了心路，他是迈阿密先生！"

前一场，在迈阿密，美国前总统奥巴马特意来了。

"韦德，祝贺你完成了一段伟大旅程。我知道你经历了什么，与一段伟大生涯说再见从来不容易，我经历过的。"

当然，并不是每个人都知道他经历了什么。

退役这一晚，韦德又在球场边看到了他的妈妈。乔琳达拉着韦德，告诉他：

"你不知道你买下的那座教堂，对我而言意味着什么。"

那是11年前，韦德自己在低谷之中时，给妈妈买下的一座教堂，他命名为"赞美堂"。乔琳达从此获得了新生。

这也许是韦德一向能够在各色黑暗处境中，依然坚持下去的动力？

2006年夺冠时，他说过，他经历过远比篮球比赛生死时刻更可怕的时刻。"看到我妈妈身处毒瘾中，对我而言实在是最黑暗的。嗑药的人与一般人无法沟通：你跟他们说话，他们却睡着了。我当时为此难过。"

所以，对他而言，打篮球产生的刺激与压力，都不算事了。"对我而言，生死时速是种乐趣。我得以释放自己。这就是我的时刻。"

也许是这个，让他得以一直撑过了所有的伤痛。

2003 年之前，迈阿密有过八个球员穿过 3 号，然后韦德来了，穿了 3 号。他为迈阿密热火奋战了十六个赛季、拿到三个总冠军，入选了十三次全明星。

于是 2020 年 2 月 22 日，在迈阿密热火主场美国航空球馆，韦德的 3 号球衣退役了。

当然，2020 年初，韦德闹了另一个小新闻：在全明星扣篮大赛上，担当评委的他，给阿隆·戈登一个壮绝的扣篮打了 10 分制的 9 分。互联网为此沸腾，韦德却坚持："我觉得那就是个 9 分，我不觉得 9 分很糟糕……"

他在忙着其他的事，2021 年 4 月，他宣布购买了 NBA 犹他爵士队的部分股权。他的口吻略带辛酸，他说他看见"鲨鱼"买下了萨克拉门托国王队的若干股份，看到格兰特·希尔买下了亚特兰大鹰的若干股份，看见乔丹买下了夏洛特黄蜂，所以他也想买下球队，只是——稍微有点讽刺——迈阿密热火没给他机会。

他也平静又直率地承认，虽然勒布朗是他的好队友，但乔丹是他心目中的 NBA 历史最佳。"我来自芝加哥，我在那里长大；我之所以成功，是因为我看到了 23 号乔丹。"

大概他退役之后所做的事，都带有类似风格：平静又直率，做自己的事。他说"我是个很酷的爸爸"，接受并鼓励自己的跨性别孩子扎雅；甚至搬离佛罗里达，去了加州：因为佛罗里达的政策对他的孩子不友好。"我做决定时，都要考虑到我的家庭。"

也许这就是德维恩·韦德的生涯。他经历过无数创痛，为了胜利付出了无数代价。他是 NBA 史上最勇决的斗士之一，但在需要的时候，又可以是最无私的队友和兄弟。在场上，他愿意舍弃许多，来换取胜利。在场下，

2019 年 4 月 9 号,韦德最后一个主场比赛,得到 30 分,还观看了记录自己职业生涯的视频

他着意保护着家人们：母亲，孩子，或迷惘或痛苦的亲人……

一切大概如 2006 年他自己所说的意思那样：经历过他与他妈妈那些噩梦般的人生后，他觉得此后的一切都可以接受，都可以靠奋斗而改变。

DWYANE WADE

THE WAY OF FLASH